어휘가
독해다!

초등 한자 어휘

4단계

초등 3~4학년 권장

이 책의 구성과 특징

쑥쑥 어휘 실력!!
읽기 잡고 국어 잡고~

• 한자 어휘 공부를 통해 읽기와 국어 공부를 함께할 수 있습니다.
• 초등학교 교과서에 자주 나오는 한자 어휘를 학습할 수 있습니다.
• 쉽고 재미있게 한자 어휘를 공부할 수 있습니다.

어휘 소개하기   어휘 익히기

어휘 공부를 하기 전에 그림으로 먼저 만나 보아요
• 한자가 들어간 어휘를 익히고 예문을 통해 문장에서 어떻게 쓰이는지 살펴보아요.

어휘 다지기   어휘 활용하기

• 문항을 통해 배운 어휘를 얼마나 이해했는지 확인해 보아요.
• 한자 어휘가 사용된 지문을 읽고 독해 문제를 풀어 보아요.

어휘 굳히기   어휘 놀이터

5일차마다 앞에서 익힌 어휘를 다시 한번 확인하며 복습해 보아요.
• 퀴즈, 십자말풀이, 다른 그림 등을 통해 쉽고 재미있게 어휘 공부를 해보아요.

정답과 해설

• 내가 풀어 본 문제들의 해설을 확인해 보아요.

* EBS 초등사이트에서 한자 학습 부가 자료 다운로드 제공

차례

休 쉴 휴 가 들어간 어휘

○ 다음 한자의 뜻과 소리를 따라 써 보세요.

休 쉴 휴

뜻   소리

○ 다음 낱말을 보고, 그림과 함께 뜻을 생각해 보세요.

휴지

쉴 휴 + 종이 지

휴가

쉴 휴 + 겨를 가

휴식

쉴 휴 + 쉴 식

휴게소

쉴 휴 + 쉴 게 + 곳 소

○ 이미 알고 있는 낱말에 ✓표를 하세요.

◻ 휴지 ◻ 휴가 ◻ 휴식 ◻ 휴게소

○ 위 낱말 중에서 반복되는 글자를 찾아 써 보세요. ◻

◉ 다음 한자의 뜻을 생각해 보세요.

 7급

'休'는 '쉬다'를 뜻하는 한자로, 'ㅅ(사람 인)'과 '木(나무 목)'이 결합한 형태입니다. 사람(ㅅ)이 나무(木)에 기대어 쉬고 있는 모습을 표현하고 있습니다.

◉ 다음 낱말의 뜻을 알아보고, 빈칸에 알맞은 낱말을 써 보세요.

쉴	휴
종이	지

휴지

1. 쓸모없는 종이. 2. 밑을 닦거나 코를 푸는 데 허드레로 쓰는 얇은 종이.

• 나는 ☐☐ 를 휴지통에 버렸다.

👉 친절한 샘 우리가 흔히 화장실에서 쓰는 두루마리 '휴지'도 같은 한자어를 사용해요.

쉴	휴
겨를	가

휴가

직장 · 학교 · 군대 따위의 단체에서, 일정한 기간 동안 쉬는 일. 또는 그런 겨를.

• 방학을 맞이하여 바다로 여름 ☐☐ 를 갔다.

👉 친절한 샘 '겨를'은 어떤 일을 하다가 생각 따위를 다른 데로 돌릴 수 있는 시간적 여유를 의미해요.

쉴	휴
쉴	식

휴식

하던 일을 멈추고 잠깐 쉼.

• 숙제를 끝내고 잠시 소파에서 ☐☐ 했다.

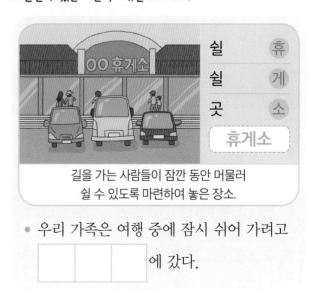

쉴	휴
쉴	게
곳	소

휴게소

길을 가는 사람들이 잠깐 동안 머물러 쉴 수 있도록 마련하여 놓은 장소.

• 우리 가족은 여행 중에 잠시 쉬어 가려고 ☐☐☐ 에 갔다.

1 밑줄 친 글자의 공통적인 뜻으로 알맞은 것에 ○표를 하세요.

241030-0001

> <u>휴</u>가   <u>휴</u>식   <u>휴</u>지

1 쉬다 (   )   **2** 일하다 (   )   **3** 머물다 (   )

2 낱말과 그에 해당하는 뜻풀이를 알맞게 연결해 보세요.

241030-0002

1 휴가 ·

2 휴지 ·

3 휴게소 ·

· ㉠ 쓸모없는 종이.

· ㉡ 길을 가는 사람들이 잠깐 동안 머물러 쉴 수 있도록 마련하여 놓은 장소.

· ㉢ 직장·학교·군대 따위의 단체에서, 일정한 기간 동안 쉬는 일. 또는 그런 겨를.

3 다음 대화를 보고, 빈칸에 들어갈 알맞은 말을 써 보세요.

241030-0003

오랫동안 시험공부를 했더니 너무 힘들어.

나도 그래. 우리 잠시 ☐☐ 하자.

4 빈칸에 공통으로 들어갈 말을 써 보세요. (   )

241030-0004

• 동생은 감기에 걸려 ☐☐로 코를 풀었다.

• 나는 책상 위 더러운 것을 ☐☐로 닦았다.

• 교실 바닥에 ☐☐를 함부로 버리지 말자.

5~6 **다음 글을 읽고, 물음에 답해 보세요.**

여름 방학을 맞이하여 우리 가족은 기다리고 기다리던 휴가를 떠났다. 아빠의 자동차에서 노래를 부르며 신나게 출발하였다.

여행지로 가는 도중 휴게소에 들렀다. 여름휴가 기간이라 휴게소에 사람들이 북적였다. 우리 가족은 가락국수도 먹고 호두과자도 먹으면서 즐거운 시간을 보냈다. 그렇지만 마냥 즐거운 것은 아니었다. 사람이 많아서 그런지 휴게소 구석구석에 쓰레기들이 버려져 있었다. 휴지통에는 휴지가 산더미처럼 쌓여 있고 바닥에도 나뒹굴어 인상을 찌푸리게 하였다.

휴가는 우리의 일상을 잠시 멈추며 휴식을 취하는 소중한 시간이다. 서로 기분 좋은 시간이 되도록 상대를 배려하는 마음으로 휴게소를 깨끗하게 이용하면 좋겠다.

5 윗글의 내용으로 알맞지 <u>않은</u> 것은 무엇인가요? (   )

▶ 241030-0005

① 사람들이 휴지를 아껴 쓰는 모습이 보였다.
② 휴게소에서 가락국수와 호두과자를 먹었다.
③ 휴게소 구석구석에 쓰레기들이 버려져 있었다.
④ 여름휴가 기간이라 휴게소에 사람들이 북적였다.
⑤ 여름 방학을 맞이하여 우리 가족은 휴가를 떠났다.

6 글쓴이와 의견이 같은 친구 이름을 써 보세요. (   )

▶ 241030-0006

민재: 휴지를 아무 곳에나 버리다니, 쓰레기통을 없애 버리는 게 좋겠어.
소은: 서로 기분 좋은 휴가가 되도록 휴게소를 깨끗하게 이용하면 좋겠어.
지민: 휴게소에는 청소하시는 분이 계시니 휴지가 많은 것은 큰 문제가 아니야.

어휘 더하기 – 연중무휴

해 년(연) + 가운데 중 + 없을 무 + 쉴 휴

일 년 내내 하루도 쉬는 날이 없음.

편의점은 [   ][   ][   ][   ] 로 영업한다.

草 풀 초 가 들어간 어휘

草 7급

◎ 다음 한자의 뜻과 소리를 따라 써 보세요.

풀   초
(뜻)   (소리)

◎ 다음 낱말을 보고, 그림과 함께 뜻을 생각해 보세요.

초원

풀 초 + 언덕 원

초록

풀 초 + 푸를 록

초창기

풀 초 + 시작할 창 + 기약할 기

산천초목

메 산 + 내 천 + 풀 초 + 나무 목

○ 이미 알고 있는 낱말에 ✓표를 하세요.

☐ 초원 ☐ 초록 ☐ 초창기 ☐ 산천초목

○ 위 낱말 중에서 반복되는 글자를 찾아 써 보세요. ☐

草 7급

어휘
익히기

◉ 다음 한자의 뜻을 생각해 보세요.

草 7급

'草'는 '풀'을 뜻하는 한자로, 풀 초를 나타내는 '艹(초두머리)'와 '무(일찍 조)'가 결합한 형태입니다. 여기서 '무'는 '조'에서 '초'로 바뀌어 소리 역할을 합니다.

◉ 다음 낱말의 뜻을 알아보고, 빈칸에 알맞은 낱말을 써 보세요.

풀	초
언덕	원
초원	

풀이 나 있는 들판.

• 할머니 댁 앞에는 푸른 ☐☐ 이 펼쳐져 있다.

풀	초
푸를	록
초록	

파랑과 노랑의 중간색. 또는 그런 색의 물감.

• 나는 미술 시간에 ☐☐ 색으로 풀을 색칠했다.

풀	초
시작할	창
기약할	기
초창기	

어떤 사업을 일으켜 처음으로 시작하는 시기.

• 우리 가게는 ☐☐☐ 에 장사가 잘 안 되었다.

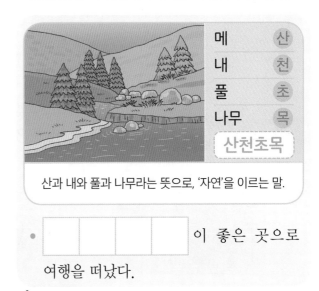

메	산
내	천
풀	초
나무	목
산천초목	

산과 내와 풀과 나무라는 뜻으로, '자연'을 이르는 말.

• ☐☐☐☐ 이 좋은 곳으로 여행을 떠났다.

👆 친절한 샘 '초창기'의 '초'는 '풀'이라는 뜻 대신 '시작하다'의 의미로 쓰였어요.

👆 친절한 샘 '메'는 '산'을 예스럽게 이르는 말이고, '내'는 시내보다는 크지만, 강보다는 작은 물줄기를 말해요.

2일 풀 초 가 들어간 어휘 9

草 풀 초

1 다음 중 낱말과 뜻이 알맞게 묶인 것을 찾아 기호로 쓰세요. (   )   ▶ 241030-0007

> ㉠ 초원: 싱싱하고 푸른 풀.
> ㉡ 초록: 풀이 나 있는 들판.
> ㉢ 초창기: 파랑과 노랑의 중간색.
> ㉣ 산천초목: 산과 내와 풀과 나무.

2 다음 중 [보기]의 내용과 <u>모두</u> 관계있는 낱말을 찾아 ○표를 하세요.   ▶ 241030-0008

> **보기**
>
> 물감   색깔   파랑과 노랑의 중간

1 초원 (   )   2 초창기 (   )   3 초록 (   )

3 밑줄 친 낱말을 바꾸어 쓸 수 있는 것을 찾아 ○표를 하세요.   ▶ 241030-0009

> 이곳은 <u>산천초목</u>이 아름다운 곳으로 유명해요.

1 하천 (   )   2 자연 (   )   3 목장 (   )

4 밑줄 친 글자 중에서 '풀 초(草)'와 관계있는 것을 찾아 ○표를 하세요.   ▶ 241030-0010

초등학교
(   )

초성
(   )

초창기
(   )

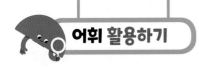
5~6 다음 글을 읽고, 물음에 답해 보세요.

풍경화는 자연의 경치를 그리는 그림의 종류입니다. 풍경화는 산천초목을 사실 그대로 그리기도 하지만, 인상을 그린 것도 있습니다. 인상을 그린 대표적인 화가는 19세기 프랑스의 화가 모네입니다.

모네는 똑같은 풍경도 빛과 날씨에 따라 달라지는 인상에 흥미를 갖고, 여러 가지 색감을 사용하여 대상을 단순하고 자유롭게 표현했습니다. 그래서 사람들은 모네를 인상주의 화가라고 불렀습니다.

모네는 초원을 좋아했습니다. 모네가 사랑했던 아내 카미유를 그린 〈파라솔을 든 여인〉을 보면 알 수 있습니다. 이 작품은 청명한 하늘과 바람 부는 초원 위에 파라솔을 들고 있는 여인을 신비롭게 표현한 작품입니다. 그런데 초원을 표현할 때 단순히 초록색만으로 표현하지 않고, 붉은색, 노란색 등의 색깔을 넣어 빛의 인상을 강조했습니다.

초창기에는 사람들이 낯선 모네의 그림을 이해하지 못했지만, 시간이 흐른 후 그의 그림은 좋은 평가를 받게 되었습니다. 그의 대표적인 작품인 〈수련〉은 지금도 많은 사람에게 사랑받고 있습니다.

5 모네에 대한 내용으로 알맞은 것을 <u>두 가지</u> 고르세요. (,   )

▶ 241030-0011

① 모네는 인상주의 화가이다.
② 모네는 초원을 좋아하지 않았다.
③ 모네는 초원을 표현할 때 초록색만을 사용하였다.
④ 모네의 그림은 그려진 당시부터 좋은 평가를 받았다.
⑤ 모네의 대표적인 작품인 〈수련〉은 많은 사람에게 사랑받고 있다.

6 모네가 아내 '카미유'를 그린 작품은 무엇인지 써 보세요.

▶ 241030-0012

(   )

어휘 더하기 - 초가삼간

풀 초 +집 가 +석 삼 +사이 간

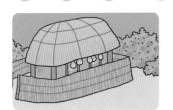

세 칸밖에 안 되는 초가라는 뜻으로, 아주 작은 집을 이르는 말.

이라도 화려한 친척 집보다 우리

집이 더 좋다.

村 마을 **촌** 이 들어간 어휘

○ 다음 한자의 뜻과 소리를 따라 써 보세요.

마을 촌
(뜻) (소리)

○ 다음 낱말을 보고, 그림과 함께 뜻을 생각해 보세요.

농촌

농사 농 + 마을 촌

어촌

고기 잡을 어 + 마을 촌

산촌

메 산 + 마을 촌

산간벽촌

메 산 + 사이 간 + 후미질 벽 + 마을 촌

○ 이미 알고 있는 낱말에 ✓표를 하세요.

☐ 농촌 ☐ 어촌 ☐ 산촌 ☐ 산간벽촌

○ 위 낱말 중에서 반복되는 글자를 찾아 써 보세요. ☐

촌

어휘 익히기

○ 다음 한자의 뜻을 생각해 보세요.

村 7급

'村'은 '마을'을 뜻하는 한자로, '木(나무 목)'과 '寸(마디 촌)'이 결합한 형태입니다. 큰 나무를 중심으로 사람들이 조화롭게 모여 사는 곳이라는 의미입니다.

○ 다음 낱말의 뜻을 알아보고, 빈칸에 알맞은 낱말을 써 보세요.

농사 농
마을 촌

농촌

주민의 대부분이 농업에 종사하는 마을이나 지역.

• ☐☐ 에서는 농사를 짓는다.

👉 친절한 샘 농사짓는 땅을 이용하여 쌀이나 보리 등을 생산하는 일을 '농업'이라고 해요.

고기 잡을 어
마을 촌

어촌

어민들이 모여 사는 바닷가 마을.

• ☐☐ 에서는 물고기를 잡는다.

👉 친절한 샘 바다를 이용하여 물고기나 미역 등을 생산하는 일을 '어업'이라고 해요.

메 산
마을 촌

산촌

산속에 있는 마을.

• ☐☐ 에서는 나무에서 버섯을 따는 일을 한다.

👉 친절한 샘 '산촌'은 '산지촌'이라고도 해요. 산촌에서 나무와 숲을 이용하여 목재나 버섯 등을 생산하는 일을 '임업'이라고 해요.

메 산
사이 간
후미질 벽
마을 촌

산간벽촌

구석지고 후미진 산골의 마을.

• 깊은 산속에 ☐☐☐☐ 이 있다.

👉 친절한 샘 '후미지다'는 아주 구석지고 으슥하다는 뜻이에요.

村 마을 촌

1 낱말과 그에 해당하는 뜻풀이를 알맞게 연결해 보세요.　241030-0013

1 농촌 •

2 어촌 •

3 산촌 •

• ㉠ 산속에 있는 마을.

• ㉡ 어민들이 모여 사는 바닷가 마을.

• ㉢ 주민의 대부분이 농업에 종사하는 마을이나 지역.

2 밑줄 친 글자의 공통적인 뜻을 찾아 ○표를 하세요.　241030-0014

농촌　　산촌　　어촌　　산간벽촌

1 자연 (　　　)　　　2 산업 (　　　)　　　3 마을 (　　　)

3 [보기]에서 밑줄 친 글자의 뜻과 같은 것은 ○, 다른 것은 ×표를 하세요.　241030-0015

보기

추석을 맞이하여 농촌에 계시는 할아버지 댁에 갔습니다.

우리 삼촌은 산촌에서 버섯 따는 일을 하는 촌사람입니다.
　　1　2　　　　　3

1 (　　　)

2 (　　　)

3 (　　　)

4 다음 대화에서 빈칸에 들어갈 낱말을 [보기]에서 찾아 써 보세요.　241030-0016

보기

농촌　　산촌　　어촌

우리 집 앞에는 바다가 있어. 아빠는 배를 타고 고기를 잡으러 다니시지.

너는 　　　에서 사는구나!

**어휘 활용하기**

✓ 정답과 해설 8쪽

5~6 다음 글을 읽고, 물음에 답해 보세요.

> 우리나라의 촌락에는 농촌, 어촌, 산촌이 있습니다. 이러한 촌락은 주변의 자연환경을 이용하여 살아가므로 자연환경에 따라 생활 모습과 하는 일이 다릅니다.
>
> 농촌은 넓은 들판과 하천이 있는 지역으로, 주로 농사를 짓는 사람들이 모여 마을을 이루어 살아갑니다. 이 지역에서는 저수지, 비닐하우스, 정미소 등과 같이 농업에 필요한 시설을 볼 수 있습니다.
>
> 어촌은 바다가 있는 지역으로, 물고기를 잡거나 김과 미역을 따는 어민들이 모여 마을을 이룹니다. 부두와 등대, 방파제, 어시장, 냉동 창고 등과 같이 어업을 위한 시설을 볼 수 있습니다.
>
> 산촌은 높은 산이 있는 지역으로 산지촌이라고도 합니다. 이곳에서는 나무와 숲을 이용하여 임업을 하는 사람들이 모여 마을을 이루어 살아갑니다. 산간벽촌에서 버섯을 키우는 마을이나 산림욕장, 야영장 등을 볼 수 있습니다.

5 촌락마다 생활 모습과 하는 일이 <u>다른</u> 까닭은 무엇인가요? (   )　▶ 241030-0017

① 인구수가 달라서　　　　　　② 도시가 발달하여서

③ 자연환경이 달라서　　　　　　④ 마을마다 시설이 달라서

⑤ 사람들이 모여 살지 않아서

6 윗글에서 설명하는 내용을 다음과 같이 정리할 때, 빈칸에 들어갈 낱말을 써 보세요.　▶ 241030-0018

```
              1 (              )
         ┌──────────┼──────────┐
  2 (          )      어촌      3 (          )
```

어휘 더하기 - 지구촌

땅 지 + 공 구 + 마을 촌

지구 전체를 한 마을처럼 여겨 이르는 말.

세계가 [　][　][　]으로 연결된 우리는 모두 친구이다.

4

主 주인 ❄주 가 들어간 어휘

공부한 날짜   월   일

◎ 다음 한자의 뜻과 소리를 따라 써 보세요.

주인 주

뜻   소리

◎ 다음 낱말을 보고, 그림과 함께 뜻을 생각해 보세요.

주인

주인 주 + 사람 인

주요

주인 주 + 요긴할 요

주장

주인 주 + 베풀 장

주관적

주인 주 + 볼 관 + 과녁 적

○ 이미 알고 있는 낱말에 ✓표를 하세요.

☐ 주인 ☐ 주요 ☐ 주장 ☐ 주관적

○ 위 낱말 중에서 반복되는 글자를 찾아 써 보세요. ☐

16 초등 한자 어휘 | 4단계(3~4학년)

어휘 익히기

● 다음 한자의 뜻을 생각해 보세요.

7급

主

'主'는 '주인'을 뜻하는 한자로, '王(임금 왕)'에 'ㆍ(점 주)'가 결합한 형태입니다. 촛대 모양으로, 한 집안에 가장 중요한 사람을 나타내고 있습니다.

● 다음 낱말의 뜻을 알아보고, 빈칸에 알맞은 낱말을 써 보세요.

주인 주
사람 인
주인

대상이나 물건 따위를 소유한 사람.

• 이 우산의 ☐☐ 은 김○○이다.

주인 주
요긴할 요
주요

주되고 중요함.

• 오늘의 ☐☐ 뉴스는 올림픽이다.

주인 주
베풀 장
주장

자기의 의견이나 주의를 굳게 내세움.
또는 그런 의견이나 주의.

• 내 친구는 운동장을 깨끗이 사용하자고 ☐☐ 하였다.

주인 주
볼 관
과녁 적
주관적

자기의 견해나 관점을 기초로 하는 것.

• 치킨보다 피자가 좋다는 생각은 메뉴에 대한 내 ☐☐☐ 인 생각이다.

친절한 샘 '견해'는 어떤 사물이나 현상에 대한 자기의 의견이나 생각을 나타내고, '관점'은 사물이나 현상을 관찰할 때, 그 사람이 보고 생각하는 태도나 방향 또는 처지를 말해요.

主 주인 주

1 밑줄 친 글자의 공통적인 뜻으로 알맞은 것에 ○표를 하세요. ▶ 241030-0019

주요   주장   주관적

1 집 (   )   2 주인 (   )   3 기둥 (   )

2 다음 낱말에 대한 설명으로 알맞은 것에 ○표를, 알맞지 <u>않은</u> 것에 ×표를 하세요. ▶ 241030-0020

1 주인: 대상이나 물건 따위를 소유한 사람. (   )

2 주장: 자기의 의견이나 주의를 굳게 내세움. (   )

3 주관적: 다른 사람의 견해나 관점을 기초로 하는 것. (   )

3 빈칸에 공통으로 들어갈 알맞은 낱말을 [보기]에서 찾아 써 보세요. ▶ 241030-0021

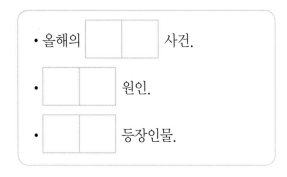

• 올해의 ☐☐ 사건.

• ☐☐ 원인.

• ☐☐ 등장인물.

보기

주인   주요   주장

4 뜻이 반대인 낱말이 알맞게 묶인 것을 찾아 ○표를 하세요. ▶ 241030-0022

1 주요-중대 (   )

2 주인-소유자 (   )

3 주관적-객관적 (   )

5~6 다음 글을 읽고, 물음에 답해 보세요.

토론은 하나의 문제에 대해 서로 다른 주장을 가진 사람들이 논리적인 근거를 들어 상대방을 설득하려는 말하기입니다. 토론의 주제는 '인공 지능의 주인은 사람이다.', '㉠동물원을 유지해야 한다.' 등과 같이 찬성과 반대가 적절히 갈릴 수 있고 어느 입장이라도 타당할 만한 주요 문제점이어야 합니다.

토론에서는 찬성과 반대편의 주장을 펼치고 이와 관련된 이유와 근거를 제시합니다. 이후 상대편의 주장을 듣고 타당하고 믿을 만한지 검토하며 반론하는 과정이 이루어집니다.

토론할 때 주의할 점은 무작정 자신의 주관적인 입장이 옳다고 우기기보다 타당한 근거를 들어 자신의 의견이 옳음을 밝혀야 합니다. 또한, 절차와 방법을 지켜 순서에 맞게 진행하고, 상대방을 존중하는 태도가 필요합니다.

5 ㉠의 토론 주제에 대해 반대하는 친구는 누구인지 쓰세요. (   ) ▶ 241030-0023

> 규태: 멸종 위기의 동물들을 동물원에서 보호하고 있어.
> 지호: 동물원의 동물들은 열악한 사육 환경에서 불쌍하게 살고 있어.
> 우진: 동물원은 동물을 직접 볼 수 있는 교육 기회를 제공하는 곳이야.

6 토론할 때 주의할 점으로 알맞은 것에 ○표를 하세요. ▶ 241030-0024

1 무작정 자신의 입장이 옳다고 우긴다. (   )

2 서로 같은 주장을 가진 주제를 선택해야 한다. (   )

3 타당한 근거를 들어 자신의 의견이 옳음을 밝혀야 한다. (   )

어휘 더하기 - 자본주의

재물 자 + 근본 본 + 주인 주 + 옳을 의

각종 물건을 만들 수 있는 수단을 가진 사람이 이익을 얻는 활동을 하도록 보장하는 경제 체제.

우리나라는 [   ][   ][   ][   ] 경제 체제로 운영된다.

5 有 있을 유 가 들어간 어휘

○ 다음 한자의 뜻과 소리를 따라 써 보세요.

有   있을 유

뜻   소리

○ 다음 낱말을 보고, 그림과 함께 뜻을 생각해 보세요.

유명

있을 유 + 이름 명

고유

굳을 고 + 있을 유

소유

바 소 + 있을 유

유구무언

있을 유 + 입 구 + 없을 무 + 말씀 언

○ 이미 알고 있는 낱말에 ✓표를 하세요.

　유명　　고유　　소유　　유구무언

○ 위 낱말 중에서 반복되는 글자를 찾아 써 보세요.　□

정답

◎ 다음 한자의 뜻을 생각해 보세요.

7급

'有'는 '있다', '가지다'를 뜻하는 글자로, '又(또 우)'와 '月(육달월)'이 결합한 형태입니다. '月'은 고기를 나타낸 것으로, 고기를 쥐고 있는 모습을 나타냅니다.

◎ 다음 낱말의 뜻을 알아보고, 빈칸에 알맞은 낱말을 써 보세요.

| 있을 | 유 |
| 이름 | 명 |

유명

이름이 널리 알려져 있음.

• 남산서울타워는 서울의 ☐☐ 한 관광 명소이다.

| 굳을 | 고 |
| 있을 | 유 |

고유

본래부터 가지고 있는 특유한 것.

• 한복은 우리나라의 ☐☐ 한 전통 옷이다.

| 바 | 소 |
| 있을 | 유 |

소유

가지고 있음. 또는 그 물건.

• 내가 ☐☐ 하고 있는 물건 중에 제일 아끼는 것은 스마트폰이다.

있을	유
입	구
없을	무
말씀	언

유구무언

입은 있어도 말은 없다는 뜻으로,
변명할 말이 없거나 변명을 못함을 이르는 말.

• 내 잘못이니 ☐☐☐☐ 할 수밖에 없다.

🖑 친절한 샘 '변명'은 어떤 잘못이나 실수에 대하여 핑계를 대며 그 까닭을 말하는 것이에요.

1 다음에서 설명하는 낱말을 [보기]에서 찾아 써 보세요.   ▶ 241030-0025

> 보기
>
> 고유   소유   유명

1 이름이 널리 알려져 있음. (   )

2 가지고 있음. 또는 그 물건. (   )

3 본래부터 가지고 있는 특유한 것. (   )

2 다음 중 '유구무언'의 상황으로 알맞은 것에 ○표를 하세요.   ▶ 241030-0026

(　　　)

(　　　)

3 다음 밑줄 친 낱말을 바꾸어 쓰려고 할 때, 거리가 먼 것을 찾아 ×표를 하세요.   ▶ 241030-0027

> 우리 동네에는 유명한 화가가 살고 있어.

1 이름 있는 (   )

2 이름이 널리 알려진 (   )

3 이름을 잘 알지 못하는 (   )

4 다음 중 밑줄 친 글자의 뜻과 같은 것은 무엇인가요? (   )   ▶ 241030-0028

> 한글은 고유한 우리나라 글자야.

① 올리브유는 건강에 좋아.
② 내 동생은 유치원에 간다.
③ 전염병이 유행하고 있으니 조심해.
④ 우리 고모는 유아 교육을 공부하신다.
⑤ 이름을 써야 누구 소유인지 알 수 있어.

5~6 다음 글을 읽고, 물음에 답해 보세요.

> 독도는 경상북도 울릉군에 속해 있는 작은 섬으로, 우리나라의 고유한 영토입니다. 그러나 일본은 1904년 러일 전쟁 때 독도가 주인 없는 땅이라고 우기며 자기 나라의 소유라고 주장하였습니다. 이렇게 일본이 독도의 소유권을 주장하는 까닭은 독도가 영토와 생태 환경으로 중요할 뿐만 아니라 군사적, 경제적으로 중요한 위치이기 때문입니다.
>
> 독도는 우리 땅입니다. 『삼국사기』에서는 신라 시대 이사부 장군이 우산국(울릉도)을 정복했다는 내용이 있습니다. 1698년에는 안용복이 일본에 직접 찾아가 울릉도, 독도가 우리 영토임을 확인하는 문서를 받은 유명한 사건이 있습니다. 또, 1785년에 제작된 일본의 지도 『삼국접양지도』에서도 울릉도와 독도를 조선의 소유로 명시하고 있습니다. 따라서 독도의 소유를 주장하고 있는 일본은 유구무언이어야 할 것입니다. 우리는 독도가 우리나라 땅이라는 증거를 알고, 우리 영토임을 알려야 합니다.

5 윗글에 대한 내용으로 알맞지 <u>않은</u> 것은 무엇인가요? (   )   ▶ 241030-0029

① 독도는 우리나라의 고유한 영토이다.
② 일본이 독도의 소유권을 주장하고 있다.
③ 독도는 경상북도 울릉군에 있는 섬이다.
④ 신라 시대 우산국을 정복했다는 내용이 있다.
⑤ 독도의 생태 환경은 중요하지 않지만, 군사적으로 중요한 위치이다.

6 독도가 우리 땅이라는 증거로 알맞은 것에 ○표, 알맞지 <u>않은</u> 것에 ×표를 하세요.   ▶ 241030-0030

1 안용복이 울릉도, 독도가 우리 영토임을 확인받은 문서. (   )

2 1904년 러일 전쟁 때 독도가 일본의 소유라는 일본의 주장. (   )

3 일본의 지도 『삼국접양지도』에서도 울릉도와 독도를 조선의 소유로 명시. (   )

어휘 더하기 - 유비무환

있을 유 + 갖출 비 + 없을 무 + 근심 환

미리 준비가 되어 있으면 걱정할 것이 없음.

미리 공부를 열심히 하면 [   ][   ][   ][   ] 이다.

1 낱말과 그에 해당하는 뜻풀이를 알맞게 연결해 보세요. ▶ 241030-0031

1 초원 •
2 휴지 •
3 고유 •

• ㉠ 쓸모없는 종이.
• ㉡ 풀이 나 있는 들판.
• ㉢ 본래부터 가지고 있는 특유한 것.

2 [보기]의 내용과 관계있는 낱말에 ○표를 하세요. ▶ 241030-0032

보기

변명할 수 없다.   입은 있다.   말은 없다.

1 주관적 (   )   2 유구무언 (   )   3 작심삼일 (   )

3 다음 글을 보고 빈칸에 들어갈 알맞은 낱말을 [보기]에서 찾아 써 보세요. ▶ 241030-0033

보기

고유   산촌   어촌   유명   휴가   휴지

여름 1 ☐☐ 를 맞이하여 바다에 갔다. 바다에서 수영을 하고 주변을 돌아보았다. 바다의

근처는 2 ☐☐ 이 형성되어서 그런지 방파제도 있고 수산 시장도 있었다. 저녁에는 여름마

다 하는 3 ☐☐ 한 물총 놀이 축제에도 참가하였다.

4 다음 중 밑줄 친 낱말의 쓰임이 <u>어색한</u> 것을 찾아 ×표를 하세요. ▶ 241030-0034

1 <u>휴게소</u>에 들러서 잠시 쉬어 갔다. (   )

2 <u>산간벽촌</u>에는 넓은 논이 펼쳐져 있다. (   )

3 오늘의 <u>주요</u> 뉴스는 올림픽 경기이다. (   )

어휘 놀이터

정답과 해설 9쪽

◎ 다음 낱말 퍼즐을 풀어 봅시다.

설	지	휴	게	실	질	적	폐	방
사	식	가	인	수	관	군	소	암
농	이	통	간	주	전	만	두	유
어	촌	구	지	장	수	갑	목	비
원	수	벽	원	님	말	초	수	범
선	장	지	간	만	천	원	애	벌
레	생	장	마	산	자	당	연	미

*가로, 세로, 대각선 방향을 찾아보고, 반대 방향으로도 찾아보세요.

다음 문제의 답을 퍼즐에서 찾아 붉은색으로 색칠해 보세요.

1. 하던 일을 멈추고 잠깐 쉼. ☐☐

2. 산과 내와 풀과 나무라는 뜻으로, '자연'을 이르는 말. ☐☐☐☐

3. 주민의 대부분이 농업에 종사하는 마을이나 지역. ☐☐

4. 구석지고 후미진 산골의 마을. ☐☐☐

5. 대상이나 물건 따위를 소유한 사람. ☐☐

6. 가지고 있음. 또는 그 물건. ☐☐

7. 자기의 견해나 관점을 기초로 하는 것. ☐☐☐

6 祖 할아버지 조 가 들어간 어휘

○ 다음 한자의 뜻과 소리를 따라 써 보세요.

祖   할아버지 조
뜻   소리

○ 다음 낱말을 보고, 그림과 함께 뜻을 생각해 보세요.

조부

할아버지 조 + 아버지 부

조상

할아버지 조 + 윗 상

원조

내가 처음 개발한 떡볶이 양념이지.

으뜸 원 + 할아버지 조

증조부

일찍 증 + 할아버지 조 + 아버지 부

○ 이미 알고 있는 낱말에 ✓표를 하세요.

☐ 조부   ☐ 조상   ☐ 원조   ☐ 증조부

○ 위 낱말 중에서 반복되는 글자를 찾아 써 보세요. ☐

祖

어휘 익히기

◉ 다음 한자의 뜻을 생각해 보세요.

祖 7급

'祖'는 '할아버지'를 뜻하는 한자로, '示(보일 시)'와 '且(또 차)'가 결합한 형태입니다. 여기서 '且'는 '차'에서 '조'로 바뀌어 소리 역할을 하고, 할아버지 제사상에 고기를 쌓은 모양을 말하기도 합니다.

◉ 다음 낱말의 뜻을 알아보고, 빈칸에 알맞은 낱말을 써 보세요.

할아버지 조
아버지 부
조부

부모의 아버지를 이르는 말.

• 우리 가족은 ☐☐ 와 함께 산다.

할아버지 조
윗 상
조상

돌아간 어버이 위로 대대의 어른.

• 김치에서 ☐☐ 들의 지혜를 볼 수 있다.

으뜸 원
할아버지 조
원조

첫 대의 조상, 어떤 일을 처음으로 시작한 사람.

• 이 가게는 이 동네의 ☐☐ 떡볶이 집이다.

👆 **친절한 샘** 여기에서 '조'는 '시초'라는 뜻으로 사용되었어요. 어떤 사물이나 물건의 최초 시작으로 인정되는 사물이나 물건도 '원조'라고 해요.

일찍 증
할아버지 조
아버지 부
증조부

아버지의 할아버지. 또는 할아버지의 아버지를 이르는 말.

• 우리의 ☐☐☐ 는 독립운동을 하셨다.

👆 **친절한 샘** 아버지의 아버지는 '조부'이고 아버지의 할아버지는 '증조부'예요. 아버지의 증조부는 '고조부'라고 해요.

1 낱말과 뜻이 알맞게 묶인 것을 <u>두 가지</u> 찾아 기호로 쓰세요. (,   )   ▶ 241030-0035

> ㉠ 조상: 부모의 아버지를 이르는 말.
> ㉡ 조부: 돌아간 어버이 위로 대대의 어른.
> ㉢ 원조: 첫 대의 조상, 어떤 일을 처음으로 시작한 사람.
> ㉣ 증조부: 아버지의 할아버지. 또는 할아버지의 아버지를 이르는 말.

2 다음 그림을 보고 '나'의 기준에서 ㉠과 ㉡에 들어갈 낱말을 [보기]에서 골라 쓰세요.   ▶ 241030-0036

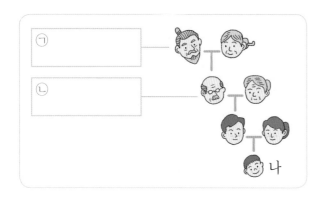

보기

원조	조부	증조부

㉠: (   )

㉡: (   )

3 다음 대화를 보고, 빈칸에 들어갈 알맞은 말을 [보기]에서 찾아 써 보세요.   ▶ 241030-0037

보기

원조	조부	조상

4 다음 문장에서 어울리는 낱말을 찾아 ○표를 하세요.   ▶ 241030-0038

1 우리의 (조상, 증조부)은/는 단군왕검이다.

2 우리 아버지는 (조상, 조부)와/과 함께 일을 하신다.

5~6 다음 글을 읽고, 물음에 답해 보세요.

> 떡볶이는 우리나라를 대표하는 음식 중 하나입니다. 떡에 매콤한 고추장 양념과 그와 어울리는 다양한 재료가 함께 조리되는 음식이지요.
>
> 떡볶이의 기원은 조선 시대입니다. 당시에는 궁중에서 우리 조상들이 즐겨 먹던 흰떡에 고기와 파 등을 간장 양념으로 볶아서 전골 형식으로 먹기 시작했습니다. 이것을 오늘날 '궁중떡볶이'라고 부릅니다.
>
> 고추장 양념의 빨간 떡볶이의 형태는 1950년대 이후에 생겨났습니다. 우리 증조부와 조부 세대로 내려오며 국민 간식으로 자리 잡았지요. 또한, 기존의 떡볶이에 해물, 치즈, 라면 등 다양한 재료나 크림이나 케첩 등의 소스가 추가되어 맛과 풍미를 더한 새로운 떡볶이가 등장하면서 간식이 아닌 새로운 요리로 성장하고 있습니다. 이렇게 떡볶이는 우리나라에서 창안되어 발전하고 있는 음식으로 우리나라가 떡볶이의 원조라고 할 수 있습니다.

5 떡볶이에 대한 설명으로 알맞지 <u>않은</u> 것은 무엇인가요? (   )

▶ 241030-0039

① 현대에는 다양한 종류의 떡볶이가 등장했다.
② 오늘날에는 조선 시대의 떡볶이를 궁중떡볶이라고 부른다.
③ 떡볶이는 우리나라를 대표하는 음식으로 우리나라가 원조이다.
④ 오늘날 떡볶이는 요리가 아닌 단순히 간식으로만 취급받고 있다.
⑤ 고추장 양념의 빨간 떡볶이의 형태는 1950년대 이후에 생겨났다.

6 윗글의 특징으로 알맞은 것에 ○표를 하세요.

▶ 241030-0040

1 떡볶이의 역사를 설명하고 있다. (   ) 2 떡볶이 개발을 주장하고 있다. (   )

3 떡볶이를 먹었던 경험을 이야기하고 있다. (   )

어휘 더하기 - 조국

할아버지 조 + 나라 국

조상 때부터 대대로 살던 나라.

우리 [   ][   ]의 독립을 위해 많은 노력을 한 독립운동가를 기억하는 모임을 가졌다.

育 기를 육이 들어간 어휘

◉ 다음 한자의 뜻과 소리를 따라 써 보세요.

기를 육
뜻   소리

◉ 다음 낱말을 보고, 그림과 함께 뜻을 생각해 보세요.

양육

기를 양 + 기를 육

체육

몸 체 + 기를 육

발육

필 발 + 기를 육

교육자

가르칠 교 + 기를 육 + 사람 자

○ 이미 알고 있는 낱말에 ✓표를 하세요.

☐ 양육 ☐ 체육 ☐ 발육 ☐ 교육자

○ 위 낱말 중에서 반복되는 글자를 찾아 써 보세요.　☐

농 農

어휘 익히기

◎ 다음 한자의 뜻을 생각해 보세요.

育 7급

'育'은 '기르다'라는 뜻을 가진 글자로, '子(아들 자)'를 거꾸로 뒤집은 모양과 '月(육달 월)'이 결합한 형태입니다. '子'를 거꾸로 뒤집은 모양은 아이를 의미하고, '月'은 아이를 낳고 기르는 어머니를 뜻합니다.

◎ 다음 낱말의 뜻을 알아보고, 빈칸에 알맞은 낱말을 써 보세요.

기를	양
기를	육

양육

아이를 보살펴서 자라게 함.

• 어머니는 아이가 잘 자라도록 정성스럽게 ☐☐ 한다.

몸	체
기를	육

체육

일정한 운동 따위를 통하여 신체를 튼튼하게 단련시키는 일. 또는 그런 목적으로 하는 운동.

• 우리는 ☐☐ 시간에 이어달리기 경기를 했다.

필	발
기를	육

발육

생물체가 자라남.

• 청소년기는 ☐☐ 이 왕성한 시기이다.

👆**친절한 샘** 여기에서 '육'은 '자라다'라는 뜻으로 사용되었어요.

가르칠	교
기를	육
사람	자

교육자

교원으로서 교육에 종사하는 사람.

• 그녀는 ☐☐☐ 로서 행동에 모범을 보이려고 노력했다.

👆**친절한 샘** '교원'은 학교에서 학생을 가르치는 사람을 통틀어 이르는 말이에요.

1 낱말과 그에 해당하는 뜻풀이를 알맞게 연결해 보세요.

▶ 241030-0041

1 아이를 보살펴서 자라게 함. •

2 교원으로서 교육에 종사하는 사람. •

3 일정한 운동 따위를 통하여 신체를 튼튼하 •
게 단련시키는 일.

• ㉠ 양육

• ㉡ 체육

• ㉢ 교육자

2 다음 그림과 관계있는 낱말을 골라 ○표를 하세요.

▶ 241030-0042

1 발육 (   )

2 교육 (   )

3 체육 (   )

3 다음 문장에서 어울리는 낱말을 찾아 ○표를 하세요.

▶ 241030-0043

1 (발육, 체육) 시간에 나는 피구를 하였다.

2 우리 부모님은 정성스럽게 나를 (발육, 양육)해 주셨다.

▶ 241030-0044

4 밑줄 친 낱말 중에서 '기를 육(育)'이 들어 있는 것을 <u>두 가지</u> 골라 기호로 쓰세요. (,   )

㉠육상 대회에서 1등을 하여 ㉡체육 우수상을 받았다. 엄마는 축하한다고 말씀하시며 몸에 좋은 ㉢육개장을 사 주셨다. 엄마는 나에게 계속 육상 ㉣교육을 받자고 하셨다.

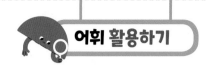

5~6 다음 글을 읽고, 물음에 답해 보세요.

> 여러분은 체육을 좋아하시나요? 체육은 운동을 통해 신체를 단련하는 활동입니다. 우리가 즐겁게 체육을 하는 동안 우리 몸에는 놀라운 일들이 일어납니다.
>
> 첫째, 신체 발육이 활발해집니다. 우리가 신나게 체육을 할 때, 운동을 통해 근육을 강화하고, 미세한 운동 기술을 습득하며, 균형과 조절 능력이 향상됩니다.
>
> 둘째, 학습 능력이 향상됩니다. 체육을 하면서 게임에 이기려는 노력으로 집중력이 향상되고, 게임 규칙을 따르면서 추론과 실행 계획을 배우게 됩니다.
>
> 셋째, 정서를 조절하는 데 도움을 줍니다. 체육은 스트레스 해소와 긍정적인 감정을 유발합니다. 게임에서 실패를 경험하면서 이를 극복하는 방법을 배울 수 있습니다.
>
> 하지만, 여기서 중요한 것은 적절한 보호 장구를 착용하고 교육자의 감독하에 [㉠]하게 활동하는 것입니다. 체육은 위험 요소가 많고, 안전은 우리를 양육하시는 부모님이 가장 걱정하시는 부분이기 때문이죠.

5 체육의 좋은 점을 다음과 같이 정리할 때 빈칸에 알맞은 말을 써 보세요. ▶ 241030-0045

- **1** ☐☐ 발육이 활발해진다.
- 학습 **2** ☐☐ 이/가 향상된다.
- **3** ☐☐ 을/를 조절하는 데 도움을 준다.

6 ㉠에 들어갈 알맞은 낱말은 무엇인가요? (   ) ▶ 241030-0046

① 고요   ② 섬세   ③ 안전   ④ 주요   ⑤ 진실

어휘 더하기 - 공교육

공평할 公 + 가르칠 敎 + 기를 育

국가가 제도적으로 시행하는 제도권 내 교육. 국립 학교 교육, 공립 학교 교육, 사립 학교 교육이 있다.

우리가 다니는 초등학교도 ☐☐☐ 기관에 속한다.

◎ 다음 한자의 뜻과 소리를 따라 써 보세요.

紙   종이 지

뜻   소리

◎ 다음 낱말을 보고, 그림과 함께 뜻을 생각해 보세요.

한지

나라 한 + 종이 지

표지

겉 표 + 종이 지

지폐

종이 지 + 화폐 폐

백지상태
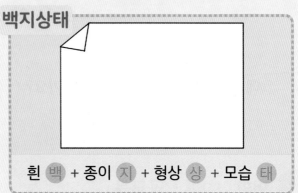
흰 백 + 종이 지 + 형상 상 + 모습 태

○ 이미 알고 있는 낱말에 ✓표를 하세요.

☐ 한지 ☐ 표지 ☐ 지폐 ☐ 백지상태

○ 위 낱말 중에서 반복되는 글자를 찾아 써 보세요. ☐

◉ 다음 한자의 뜻을 생각해 보세요.

7급

紙

'紙'는 '종이'를 뜻하는 한자로, '糸(가는 실 사)'와 '氏(성씨 씨)'가 결합한 형태입니다. 여기서 '氏'는 '씨'에서 '지'로 변하여 주로 소리 역할을 합니다. 실로 만든 천 조각이 종이처럼 쓰인 것에서 유래되었습니다.

◉ 다음 낱말의 뜻을 알아보고, 빈칸에 알맞은 낱말을 써 보세요.

| 나라 | 한 |
| 종이 | 지 |

한지

우리나라 고유의 제조법으로 만든 종이.

• ☐☐ 로 만든 상자는 튼튼하다.

| 겉 | 표 |
| 종이 | 지 |

표지

책의 맨 앞뒤의 겉장.

• ☐☐ 를 보고 책을 골랐다.

🖐️ 친절한 샘 '한지'는 닥나무 껍질 따위의 섬유를 원료로 만들어요.

| 종이 | 지 |
| 화폐 | 폐 |

지폐

종이에 인쇄를 하여 만든 화폐.
일반적으로 정부 지폐와 은행권을 이른다.

• 만 원짜리 ☐☐ 로 준비물을 샀다.

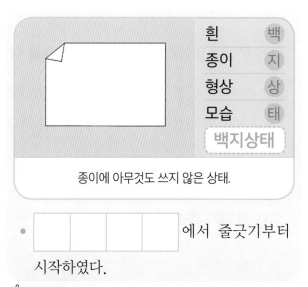

흰	백
종이	지
형상	상
모습	태

백지상태

종이에 아무것도 쓰지 않은 상태.

• ☐☐☐☐ 에서 줄긋기부터 시작하였다.

🖐️ 친절한 샘 '정부 지폐'는 나라에서 직접 발행한 돈을, '은행권'은 중앙 은행에서 발행한 돈을 말해요.

🖐️ 친절한 샘 '백지상태'는 어떠한 대상에 대하여 아무것도 모르는 상태를 말하기도 해요.

紙 종이 지

1 다음에서 설명하는 낱말을 [보기]에서 찾아 써 보세요. ▶ 241030-0047

> 보기
>
> 지폐   표지   한지

1 책의 맨 앞뒤의 겉장. (   )

2 종이에 인쇄를 하여 만든 화폐. (   )

3 우리나라 고유의 제조법으로 만든 종이. (   )

2 다음 그림에 어울리는 낱말을 찾아 ○표를 하세요. ▶ 241030-0048

1 (표지, 백지상태)

2 (한지, 지폐)

3 다음 문장에 어울리는 낱말을 찾아 ○표를 하세요. ▶ 241030-0049

1 우리나라 (한지, 표지)는 닥나무 껍질로 만든 종이이다.

2 아버지는 지갑에서 (표지, 지폐)를 꺼내서 용돈을 주셨다.

4 밑줄 친 글자 중에서 뜻이 다른 하나는 무엇인가요? (   ) ▶ 241030-0050

① 휴지   ② 표지
③ 지구   ④ 지폐
⑤ 편지지

어휘 활용하기

✓ 정답과 해설 11쪽

5~6 다음 글을 읽고, 물음에 답해 보세요.

한지는 우리나라 고유의 방식으로 만든 닥종이입니다. 닥나무 껍질에 물과 닥풀을 섞은 후 발을 이용하여 떠서 만듭니다. 이렇게 만들어진 한지는 조직이 치밀해서 질기고 보존성이 좋습니다.

옛날에는 한지가 어떻게 쓰였을까요? 우리가 생각하는 종이의 용도는 보통 글을 쓰는 것입니다. 한지도 백지상태에서 멋진 글을 쓰거나 그림을 그릴 때 사용했지요. 먹과 물감을 잘 흡수해서 아름다운 작품을 남기기에 좋았습니다. 그런데 한지는 글 쓰는 용도에 그치지 않았습니다. 조직이 치밀하고 질긴 한지의 장점을 살려 창문에 붙이는 창호지로도 쓰고, 벽을 보호하는 벽지로도 쓰고, 생활용품을 만드는 데에도 사용했습니다.

오늘날에도 한지가 많이 쓰입니다. 멋스러운 느낌을 살려 책 표지도 만들고, 지폐를 넣는 지갑을 만들 때도 쓰이지요. 한지는 현대적인 재료와 접목해서 은은한 조명을 만들기도 하고, 액세서리나 문구류를 만들어서 우리나라의 문화를 아름답게 전달하는 기념품으로도 활용된답니다.

5 한지에 대한 설명으로 알맞지 <u>않은</u> 것은 무엇인가요? (   )

▶ 241030-0051

① 먹과 물감을 잘 흡수한다.
② 질기지 않고 잘 찢어진다.
③ 조직이 치밀하고 보존성이 좋다.
④ 생활용품을 만드는 데 사용된다.
⑤ 우리나라 고유의 방식으로 만든 닥종이이다.

6 한지의 쓰임을 알맞게 말한 친구는 누구인지 쓰세요. (   )

▶ 241030-0052

연서: 한지는 옛날 종이라서 오늘날에는 쓰지 않아.
원우: 한지는 글을 쓰거나 그림을 그릴 때만 사용할 수 있어.
규민: 한지는 현대적인 재료와 접목해서 액세서리나 문구류를 만드는 데도 사용돼.

어휘 더하기 - 지필묵

종이 지 + 붓 필 + 먹 묵

종이와 붓과 먹을 아울러 이르는 말.

선비들은 [ ][ ][ ]을 꺼내서 글을 쓰고 그림을 그렸다.

重 무거울 **중** 이 들어간 어휘

◎ 다음 한자의 뜻과 소리를 따라 써 보세요.

重 무거울 중
뜻   소리

◎ 다음 낱말을 보고, 그림과 함께 뜻을 생각해 보세요.

중요

건강이 중요하지!

무거울 중 + 요긴할 요

경중

가벼울 경 + 무거울 중

체중

몸 체 + 무거울 중

애지중지

사랑 애 + 갈 지 + 무거울 중 + 갈 지

○ 이미 알고 있는 낱말에 ✓표를 하세요.

☐ 중요 ☐ 경중 ☐ 체중 ☐ 애지중지

○ 위 낱말 중에서 반복되는 글자를 찾아 써 보세요. ☐

◎ 다음 한자의 뜻을 생각해 보세요.

7급
重
'重'은 '무겁다'를 뜻하는 한자로, '東(동녘 동)'과 '人(사람 인)'이 결합한 형태입니다. 사람(人)이 무거운 짐(東→짐을 짊어진 모양)을 지고 있다는 뜻입니다.

◎ 다음 낱말의 뜻을 알아보고, 빈칸에 알맞은 낱말을 써 보세요.

건강이 중요하지!

무거울 중
요긴할 요
중요

귀중하고 요긴함.

• 사람에게 건강은 매우 ☐☐ 하다.

가벼울 경
무거울 중
경중

가벼움과 무거움. 또는 가볍고 무거운 정도.

• 무엇이 중요한지 ☐☐ 을 따져야 한다.

📌 친절한 샘 '요긴하다'는 것은 꼭 필요하다는 의미예요.

몸 체
무거울 중
체중

몸의 무게.

• 살이 쪄서 ☐☐ 이 많이 나간다.

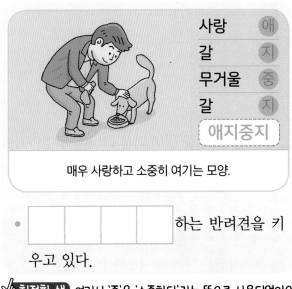

사랑 애
갈 지
무거울 중
갈 지
애지중지

매우 사랑하고 소중히 여기는 모양.

• ☐☐☐☐ 하는 반려견을 키우고 있다.

📌 친절한 샘 여기서 '중'은 '소중하다'라는 뜻으로 사용되었어요.

1 밑줄 친 글자의 공통적인 뜻으로 알맞은 것에 ○표를 하세요. ▶ 241030-0053

> 경중   중요   체중   애지중지

1️⃣ 무섭다 (   )   2️⃣ 무겁다 (   )   3️⃣ 가볍다 (   )

2 뜻이 서로 반대되는 글자로 이루어진 낱말에 ○표를 하세요. ▶ 241030-0054

1️⃣ 중요 (   )   2️⃣ 경중 (   )   3️⃣ 체중 (   )

3 관계있는 것끼리 선으로 이어 보세요. ▶ 241030-0055

1️⃣ 매우 사랑하고 소중히 여기는 모양. •

• ㉠ 체중 •

• ㉡ 경중 •

2️⃣ 가벼움과 무거움. 또는 가볍고 무거운 정도. •

• ㉢ 애지중지 •

4 밑줄 친 글자 중 뜻이 <u>다른</u> 하나는 무엇인가요? (   ) ▶ 241030-0056

① 지구에는 중력이 있다.
② 체중이 자꾸 불어나서 힘들다.
③ 중간 자리에 앉아서 영화를 봤다.
④ 이 사진은 나에게 귀중한 물건이다.
⑤ 게임에 빠지는 것은 중요한 문제이다.

5~6 다음 글을 읽고, 물음에 답해 보세요.

> 여러분이 가장 애지중지하는 물건 중 하나는 스마트폰일 것입니다. 스마트폰은 현대 사회를 살아가는 데 필요한 기능이 있는 중요한 필수품이기 때문이죠.
>
> 스마트폰은 누구나 쉽고 빠르게 전화, 문자 등을 이용할 수 있게 하여 다른 사람들과 소통하기 편리하게 만들어 주는 도구입니다. 또한, 지식과 정보에 쉽게 접근할 수 있고 사진 및 동영상 촬영과 편집 등 다양한 기능을 이용할 수 있습니다. 게다가 음악, 영화, 게임 등 다양한 콘텐츠를 간편하게 즐길 수 있습니다.
>
> 그러나 스마트폰은 한번 잡으면 쉽게 놓기 어렵다는 단점이 있습니다. 그래서 신체적으로는 거북목 현상, 체중 증가 등의 문제가, 정신적으로는 지나친 의존이나 중독 등의 문제가 발생하기도 합니다. 그러므로 스마트폰을 사용할 때 [㉠   ]. 스마트폰 사용에 있어서 경중을 따져 현명하게 활용하고, 필요한 시간과 장소에 따라 적절하게 사용하는 것이 중요합니다.

5 스마트폰의 좋은 점으로 알맞지 <u>않은</u> 것은 무엇인가요? (   )

▶ 241030-0057

① 음악, 영화, 게임을 즐길 수 있다.　　　② 지식과 정보에 쉽게 접근할 수 있다.
③ 지나친 의존이나 중독에 빠지게 한다.　　④ 전화, 문자로 다른 사람들과 소통할 수 있다.
⑤ 사진 및 동영상 촬영 등의 기능을 이용할 수 있다.

6 ㉠에 들어갈 알맞은 내용을 찾아 ○표를 하세요.

▶ 241030-0058

1 지속적인 성장을 기대합니다. (   )

2 긍정적인 면에 집중해야 합니다. (   )

3 적절한 사용과 관리가 필요합니다. (   )

어휘 더하기 - 중대사

무거울 중 + 큰 대 + 일 사

아주 큰 사건.

삼촌이 결혼을 하다니, 우리 집의 □□□이다.

然 그럴 연이 들어간 어휘

○ 다음 한자의 뜻과 소리를 따라 써 보세요.

然   그럴 연
(뜻)   (소리)

○ 다음 낱말을 보고, 그림과 함께 뜻을 생각해 보세요.

자연

스스로 자 + 그럴 연

우연

너 민지 맞지?
어머, 여기서 만날 줄이야.
짝 우 + 그럴 연

당연

엄마 거야?
당연하죠!
마땅 당 + 그럴 연

태연자약

클 태 + 그럴 연 + 스스로 자 + 같을 약

○ 이미 알고 있는 낱말에 ✓표를 하세요.

☐ 자연 ☐ 우연 ☐ 당연 ☐ 태연자약

○ 위 낱말 중에서 반복되는 글자를 찾아 써 보세요. ☐

◎ 다음 한자의 뜻을 생각해 보세요.

然 7급

'然'은 '그러하다', '옳다', '틀림없다'를 뜻하는 글자입니다. '肉(고기 육)'과 '犬(개 견)', '火(불 화)'가 결합한 형태예요. 고기를 굽는 것이 옳다는 의미입니다.

◎ 다음 낱말의 뜻을 알아보고, 빈칸에 알맞은 낱말을 써 보세요.

스스로 자
그럴 연
자연

사람의 힘이 더해지지 아니하고 세상에 스스로 존재하거나 우주에 저절로 이루어지는 모든 존재나 상태.

• 우리는 ☐☐ 과 더불어 살아가기 위해 노력해야 한다.

짝 우
그럴 연
우연

아무런 인과 관계가 없이 뜻하지 아니하게 일어난 일.

• 길 가다가 ☐☐ 히 친구를 만났다.

마땅 당
그럴 연
당연

일의 앞뒤 사정을 놓고 볼 때 마땅히 그러함. 또는 그런 일.

• 자식으로서 부모님께 효도하는 것은 ☐☐ 하다.

클 태
그럴 연
스스로 자
같을 약
태연자약

마음에 어떠한 충동을 받아도 움직임이 없이 천연스러움.

• 내 동생은 번개가 쳐도 ☐☐☐ ☐ 하게 책을 읽는다.

👆 **친절한 쌤** '태연자약'은 마음에 자극이 와도 흔들리지 않는 모습을 말해요.

然 그럴 연

1 낱말과 뜻이 알맞게 묶인 것을 <u>두 가지</u> 찾아 기호로 쓰세요. (,   ) ▶ 241030-0059

> ㉠당연: 아무런 인과 관계가 없이 뜻하지 아니하게 일어난 일.
> ㉡우연: 일의 앞뒤 사정을 놓고 볼 때 마땅히 그러함. 또는 그런 일.
> ㉢태연자약: 마음에 어떠한 충동을 받아도 움직임이 없이 천연스러움.
> ㉣자연: 사람의 힘이 더해지지 아니하고 세상에 스스로 존재하거나 우주에 저절로 이루어지는 모든 존재나 상태.

2 밑줄 친 글자 중 '그럴 연(然)'과 거리가 <u>먼</u> 것에 ×표를 하세요. ▶ 241030-0060

1 사람은 자<u>연</u>의 이치를 따라야 한다. (   )

2 <u>연</u>령에 따라 좋아하는 취미가 다르다. (   )

3 내 친구는 시끄러운 소리가 들려도 태<u>연</u>자약하다. (   )

3 다음 빈칸에 들어갈 알맞은 낱말을 [보기]에서 찾아 써 보세요. ▶ 241030-0061

보기

당연   우연   자연   태연자약

1 날씨가 더워질수록 옷이 얇아지는 것은 (   )한 일이다.

2 계획에 없었던 일이 (   )히 일어났다.

4 다음과 관계있는 말은 무엇인지 써 보세요. | ㅈ | ㅇ | ▶ 241030-0062

> • 산천초목.
> • 산, 강, 바다, 식물, 동물.
> • 사람의 힘이 더해지지 아니하고 저절로 생겨난 존재.

5~6 다음 글을 읽고, 물음에 답해 보세요.

안중근은 일본 식민지 시대의 대표적인 독립운동가입니다. 그는 우리나라를 위해 자신의 목숨과 재산을 바치는 것은 당연하다고 생각했습니다. 1905년 우리나라가 사실상 일본의 식민지가 된 을사늑약이 체결되자, 안중근은 사유 재산으로 학교를 세워 인재 양성에 힘썼습니다. 1907년 한일 신협약을 통해 대한 제국의 주권을 빼앗기자, 안중근은 연해주로 가서 의병 운동을 하였습니다.

그러던 중, 안중근은 1909년에 조선 침략의 핵심 인물이었던 이토 히로부미가 만주를 시찰하러 하얼빈역에 온다는 소식을 들었습니다. 안중근이 이토를 저격하려는 뜻을 보이자, 그를 도와주고자 하는 사람이 모이고 하얼빈으로 가는 차편이 이어지는 등, 우연한 일들이 벌어졌습니다. 마침내 안중근은 하얼빈역에 도착한 이토를 처결하여 우리나라 독립에 힘을 보태게 되었습니다.

이토 히로부미를 죽인 안중근은 감옥에 갇혀 지내다가 1910년에 사형되었습니다. 안중근의 죽음 앞에 그의 어머니는 조국을 위해 헌신한 일은 정당한 일이니, 평안하게 자연으로 돌아가라고 격려했습니다. 이에 안중근은 태연자약한 모습으로 생애 마지막 순간을 마쳤습니다.

5 윗글은 어떤 인물의 이야기인지 쓰세요. (   )   ▶ 241030-0063

6 윗글에 나타난 역사적 사건을 연도에 알맞게 선으로 이어 보세요.   ▶ 241030-0064

1 1905년 •   • ㉠ 한일 신협약

2 1907년 •   • ㉡ 안중근 사형

3 1909년 •   • ㉢ 을사늑약 체결

4 1910년 •   • ㉣ 이토 히로부미 사망

어휘 더하기 - 무위자연

없을 무 + 할 위 + 스스로 자 + 그럴 연

사람의 힘을 더하지 않은 그대로의 자연. 또는 그런 이상적인 경지.

의 섭리를 알고 자연에 순응해야 한다.

1 다음 뜻을 가진 낱말을 [보기]에서 찾아 써 보세요. ▶ 241030-0065

보기

경중　　양육　　우연　　조부　　한지

① 아이를 보살펴서 자라게 함. (　　　　　)

② 가벼움과 무거움. 또는 가볍고 무거운 정도. (　　　　　)

③ 아무런 인과 관계가 없이 뜻하지 아니하게 일어난 일. (　　　　　)

2 다음 상황의 내용과 관계있는 낱말을 골라 ○표를 하세요. ▶ 241030-0066

① 백지상태 (　　)

② 애지중지 (　　)

③ 태연자약 (　　)

3 다음 대화를 보고 빈칸에 들어갈 알맞은 낱말을 써 보세요. ▶ 241030-0067

4 [보기]처럼 다음 각 단어에 공통으로 들어간 한자의 뜻과 음을 써 보세요 ▶ 241030-0068

보기

당연　　자연　　우연　　태연자약　　➡　　그럴 연

① 조부　　조상　　원조　　증조부　　➡　　(　　　　　)

② 지폐　　표지　　한지　　백지상태　　➡　　(　　　　　)

◎ 사다리를 타고 내려와, 그 글자가 들어간 낱말을 힌트에서 찾아 써 보세요.

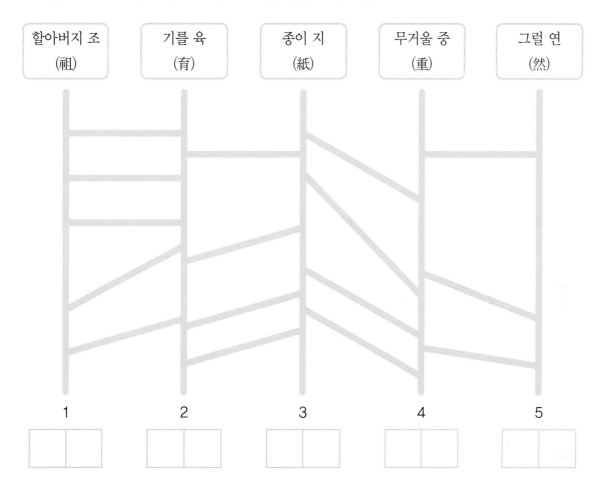

| 할아버지 조 (祖) | 기를 육 (育) | 종이 지 (紙) | 무거울 중 (重) | 그럴 연 (然) |

1   2   3   4   5

[힌트]

1. 귀중하고 요긴함. 예 사람에게 건강은 매우 ☐☐ 하다.

2. 책의 맨 앞뒤의 겉장. 예 ☐☐를 보고 읽고 싶은 책을 골랐다.

3. 첫 대의 조상, 어떤 일을 처음으로 시작한 사람. 예 이 동네 ☐☐ 떡볶이집이다.

4. 일의 앞뒤 사정을 놓고 볼 때 마땅히 그러함. 예 부모님께 효도하는 것은 ☐☐ 하다.

5. 생물체가 자라남. 예 초등학생 때는 ☐☐이 왕성한 시기이다.

正

바를 정 이 들어간 어휘

○ 다음 한자의 뜻과 소리를 따라 써 보세요.

바를 정

뜻   소리

○ 다음 낱말을 보고, 그림과 함께 뜻을 생각해 보세요.

정면

바를 정 + 낯 면

정의

바를 정 + 옳을 의

공정

공평할 공 + 바를 정

정반대

바를 정 + 돌이킬 반 + 대할 대

○ 이미 알고 있는 낱말에 ✓표를 하세요.

☐ 정면 ☐ 정의 ☐ 공정 ☐ 정반대

○ 위 낱말 중에서 반복되는 글자를 찾아 써 보세요. ☐

正

◉ 다음 한자의 뜻을 생각해 보세요.

7급 II

正

'正'은 '一(하나 일)'과 '止(그칠지, 발 지)'가 결합된 글자입니다. 두 글자의 뜻을 합쳐 '하나'로 난 길을 걷다가 '멈추어' 살피는 것에서 '바르다' 혹은 '옳다'라는 뜻이 생겼다고 합니다.

◉ 다음 낱말의 뜻을 알아보고, 빈칸에 알맞은 낱말을 써 보세요.

| 바를 | 정 |
| 낯 | 면 |

정면

1. 똑바로 마주 보이는 면. 2. 사물에서, 앞쪽으로 향한 면.
3. 에두르지 아니하고 직접 마주 대함.

• 남자 모델은 화가를 [　][　] 으로 바라보았다.

👉 친절한 샘 '에두르다'는 주위를 둘러막거나 바로 말하지 않고 둘러대는 것을 뜻합니다.

| 바를 | 정 |
| 옳을 | 의 |

정의

진리에 맞는 올바른 도리.

• 법원 앞에는 [　][　] 의 여신인 디케의 조각상이 있다.

👉 친절한 샘 '도리'란 사람이 어떤 입장에서 마땅히 행해야 하는 바른길을 뜻합니다.

| 공평할 | 공 |
| 바를 | 정 |

공정

공평하고 올바름.

• 아버지는 두 아들의 의견을 모두 듣고 [　][　] 하게 판단했다.

바를	정
돌이킬	반
대할	대

정반대

완전히 반대되는 것.

• 남학생과 여학생은 [　][　][　] 로 걸어갔다.

1 밑줄 친 낱말에 공통으로 쓰인 한자는 무엇인가요? (   ) ▶ 241030-0069

> • 언니와 동생은 성격과 취향이 <u>정</u>반대였다.
> • 판사는 그 사건을 공<u>정</u>하게 보려고 노력했다.

① 正(바를 정)   ② 定(정할 정)   ③ 政(정치 정)   ④ 貞(곧을 정)   ⑤ 情(뜻 정)

2 빈칸에 공통으로 들어갈 알맞은 낱말을 써 보세요. | ㅈ | ㅁ | ▶ 241030-0070

> • 군사들은 적군을 (   )(으)로 돌파했다.
> • 지금 (   )에 보이는 그림은 피카소의 〈게르니카〉입니다.

3 빈칸에 들어갈 알맞은 낱말을 [보기]에서 찾아 써 보세요. ▶ 241030-0071

> **보기**
>
> 공정   정면   정의   정반대

1 엉뚱하게도 사건은 예상과 다르게 (   )(으)로 진행되었다.

2 저 축구 심판은 한쪽 편에 치우침 없이 (   )한 것으로 유명해.

4 다음 끝말잇기의 빈칸에 들어갈 낱말로 알맞은 것은 무엇인가요? (   ) ▶ 241030-0072

공	정

➡

공평하고 올바름.   진리에 맞는 올바른 도리.

① 정리   ② 정의   ③ 정직   ④ 정치   ⑤ 정화

어휘 활용하기

5~6 다음 글을 읽고, 물음에 답해 보세요.

미국의 인권 운동가 로자 파크스는 인종 차별에 반대했습니다. 1950년까지만 해도 미국에서 백인과 흑인은 차별이 심했습니다. 버스에 백인과 흑인의 자리를 구분해야 한다는 법률이 있을 정도였습니다. 지금 보면 전혀 공정하지 않은 법이지만 그 당시에는 당연하게 여겼습니다.

1955년 6월 1일 로자 파크스는 버스에 올라 흑인 좌석 맨 앞줄에 앉았습니다. 백인들 자리가 점점 차기 시작했고 두세 명이 서 있게 되자, 기사는 흑인 좌석 앞줄을 백인 좌석으로 바꾸고 흑인들에게 일어나라고 했습니다. 이에 로자 파크스는 정면으로 맞섰습니다. ㉠"일어나야 할 이유가 없어요."

로자 파크스는 경찰에 체포되었고, 흑인들은 버스를 타지 말자는 운동을 펼쳤습니다. 마틴 루서 킹 목사가 앞장서서 그녀의 무죄를 주장했습니다. 흑인들과 정반대 입장에 있던 백인들은 킹 목사도 체포했습니다. 흑인들은 300일 넘게 버스 타지 않기 운동을 이어 갔습니다. 결국 1956년 11월 13일 연방 대법원은 분리 정책이 잘못된 법이라고 판결을 내렸습니다. 이때부터 미국 전역에 흑인 인권 운동이 번져 나갔습니다. 로자 파크스의 작은 행동이 세상을 정의롭게 바꾼 것입니다.

5 로자 파크스가 ㉠과 같이 말한 까닭으로 가장 알맞은 것에 ○표를 하세요. ▶ 241030-0073

1 의자에서 일어나기에 다리가 너무 아팠기 때문에 (   )

2 아직 내려야 할 버스 정류장에 도착하지 않았기 때문에 (   )

3 흑인이라는 이유로 백인에게 자리를 양보하는 것은 부당하기 때문에 (   )

6 윗글을 잘 이해한 친구 이름을 써 보세요. (   ) ▶ 241030-0074

홍재: 로자 파크스가 경찰에 체포된 이유는 흑인 좌석 맨 앞줄에 앉았기 때문이야.
지후: 로자 파크스의 용기 있는 행동 덕분에 흑인들이 더 살기 좋은 세상이 되었네.

어휘 더하기 - 훈민정음

가르칠 훈 + 백성 민 + 바를 정 + 소리 음

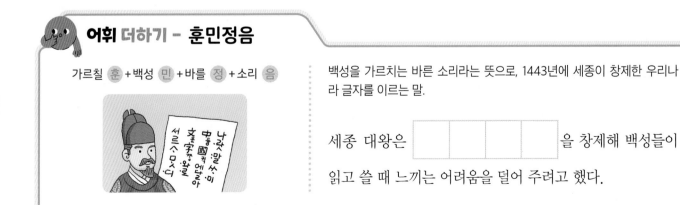

백성을 가르치는 바른 소리라는 뜻으로, 1443년에 세종이 창제한 우리나라 글자를 이르는 말.

세종 대왕은 □□□□ 을 창제해 백성들이 읽고 쓸 때 느끼는 어려움을 덜어 주려고 했다.

直 곧을 **직** 이 들어간 어휘

◎ 다음 한자의 뜻과 소리를 따라 써 보세요.

直 곧을 직

(뜻)   (소리)

◎ 다음 낱말을 보고, 그림과 함께 뜻을 생각해 보세요.

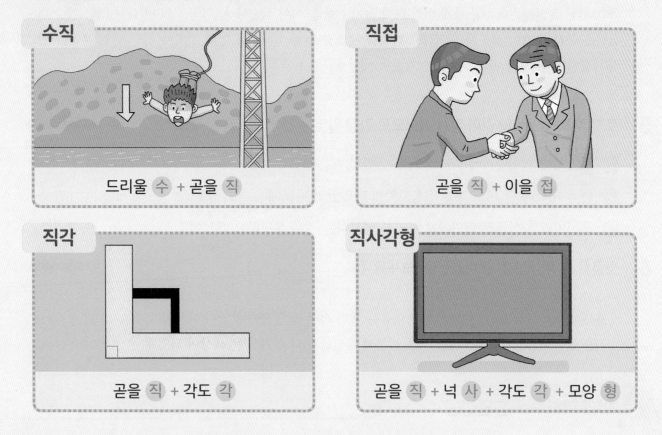

수직

드리울 수 + 곧을 직

직접

곧을 직 + 이을 접

직각

곧을 직 + 각도 각

직사각형

곧을 직 + 넉 사 + 각도 각 + 모양 형

○ 이미 알고 있는 낱말에 ✓표를 하세요.

☐ 수직 ☐ 직접 ☐ 직각 ☐ 직사각형

○ 위 낱말 중에서 반복되는 글자를 찾아 써 보세요. ☐

◉ 다음 한자의 뜻을 생각해 보세요.

7급Ⅱ

直

'直'은 '곧다'의 뜻을 가지고 있습니다. 'ㅗ(열 십)', '目(눈 목)', 'ㄴ(숨을 은)'의 글자와 함께 뜻이 합쳐져서 만들어진 글자입니다. 열 개(十)의 눈(目)으로 보면 숨은 것(ㄴ)을 다 '바르게' 볼 수 있다는 뜻이 만들어졌고, '바르다'에서 '곧다' 라는 의미가 유래했답니다.

◉ 다음 낱말의 뜻을 알아보고, 빈칸에 알맞은 낱말을 써 보세요.

| 드리울 | 수 |
| 곧을 | 직 |

수직

1. 똑바로 드리우는 상태. 2. 직선과 직선, 직선과 평면, 평면과 평면 따위가 서로 만나 직각을 이루는 상태.

• 번지 점프는 [ ] 으로 낙하할 때

의 짜릿함을 즐기는 스포츠이다.

| 곧을 | 직 |
| 이을 | 접 |

직접

1. 중간에 거치는 것이 없이 바로 연결되는 관계.
2. 중간에 아무것도 개입된 것 없이 바로.

• 시장은 마을 대표를 [ ] 만나 악

수를 나눴다.

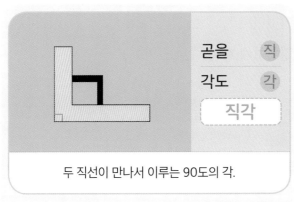

| 곧을 | 직 |
| 각도 | 각 |

직각

두 직선이 만나서 이루는 90도의 각.

• 두 개의 자를 [ ] 으로 붙여 90도

를 만들었다.

곧을	직
넉	사
각도	각
모양	형

직사각형

내각이 모두 직각인 사각형.

• 모니터는 [ ] 모양입

니다.

👆**친절한 샘** '직각'에서 '각(角)'은 '뿔'이 아니고 수학 용어로 한 점에서 갈리어 나간 두 직선의 벌어진 정도를 나타냅니다.

👆**친절한 샘** '내각'은 도형에서 가까이 붙은 두 변이 도형의 안 쪽에 만드는 모든 각입니다.

1 낱말과 그에 해당하는 뜻풀이를 알맞게 연결해 보세요. ▶ 241030-0075

1 직각 •

2 수직 •

3 직접 •

• ㉠ 중간에 거치는 것이 없이 바로 연결되는 관계.

• ㉡ 직선과 직선, 직선과 평면, 평면과 평면 따위가 서로 만나 직각을 이루는 상태.

• ㉢ 두 직선이 만나서 이루는 90도의 각.

2 밑줄 친 낱말의 뜻풀이로 알맞은 것에 ○표를 하세요. ▶ 241030-0076

종이에 직사각형을 크게 그리세요. 그 도형 안에 오늘 해야 할 일을 쓰세요.
➡ (내각, 외각)이 모두 (둔각, 직각)인 사각형.

3 밑줄 친 '직접'의 쓰임이 어색한 문장에 ○표를 하세요. ▶ 241030-0077

1 피사의 사탑에서 떨어진 공은 직접으로 낙하했다. (   )

2 사건 현장을 직접 목격한 사람들을 만나 물어봐야겠어. (   )

3 문학은 직접 경험하지 못하는 일을 간접적으로 경험하게 해 준다. (   )

4 빈칸에 들어갈 알맞은 낱말을 [보기]에서 찾아 써 보세요. ▶ 241030-0078

보기

수직   직접   직사각형

1 우렁찬 소리를 내는 폭포의 물줄기가 (   )으로 떨어졌다.

2 정사각형은 내각의 크기가 모두 직각이므로 (   )이라고도 할 수 있다.

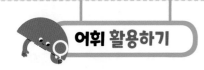
5~6 다음 글을 읽고, 물음에 답해 보세요.

도형을 이루는 선분을 변이라고 하고, 두 변이 직접 만나 각을 이루는 점을 꼭짓점이라고 합니다. 사각형은 네 변과 네 꼭짓점을 가진 도형입니다. 사각형은 여러 가지 종류가 있습니다. 네 변의 길이가 모두 같고, 두 대각선이 서로 수직으로 만나는 사각형은 마름모라고 합니다. 직사각형은 네 각의 크기가 모두 직각으로 같습니다. 왜냐하면 각 변이 꼭짓점에서 수직으로 만나기 때문입니다. 네 각의 크기가 같으면서 네 변의 길이까지 같은 직사각형은 정사각형이라고 부릅니다. 그 외에도 사각형 중에는 마주 보는 한 쌍의 변이 평행인 사다리꼴, 마주 보는 두 쌍의 변이 각각 평행인 평행사변형도 있습니다.

그럼, 직사각형에 대해 자세히 살펴볼까요? 사각형에 직각이 있다고 해서 모두 직사각형은 아니랍니다. 직각이 두 개만 있는 사각형도 있기 때문이지요. 직사각형은 네 각의 크기가 모두 직각이라는 것 외에 마주 보는 두 변의 길이가 같다는 특성도 있습니다. 우리 생활에서 직사각형을 많이 만나 볼 수 있습니다. 여러분이 이용하는 교과서, 공책도, 여러분이 바라보는 텔레비전, 모니터도 직사각형입니다.

5 윗글의 중심 내용을 아래와 같이 정리했을 때 빈칸에 알맞은 말을 써 보세요. ▶ 241030-0079

1 ☐☐☐ 의 종류와 2 ☐☐☐☐ 의 특징

6 사각형과 그 이름이 알맞게 짝지어지지 <u>않은</u> 것은 무엇인가요? (   ) ▶ 241030-0080

① 마름모 ② 평행사변형 ③ 사다리꼴 ④ 직사각형 ⑤ 정사각형

어휘 더하기 - 단도직입

홑(하나) 단 + 칼 도 + 곧을 직 + 들 입

혼자서 칼 한 자루를 들고 적진으로 곧장 쳐들어간다는 뜻으로, 여러 말을 늘어놓지 아니하고 바로 요점이나 본문제를 중심적으로 말함을 이르는 말.

용감한 장수는 적군에게 항복하지 않겠다고 ☐☐☐☐ 으로 말하였다.

平

평평할 평이 들어간 어휘

◎ 다음 한자의 뜻과 소리를 따라 써 보세요.

平   평평할 평
         뜻   소리

◎ 다음 낱말을 보고, 그림과 함께 뜻을 생각해 보세요.

평생

평평할 평 + 날 생

평화

평평할 평 + 화할 화

평등

평평할 평 + 같을 등

평상시

평평할 평 + 항상 상 + 때 시

○ 이미 알고 있는 낱말에 ✓표를 하세요.

☐ 평생 ☐ 평화 ☐ 평등 ☐ 평상시

○ 위 낱말 중에서 반복되는 글자를 찾아 써 보세요.

◎ 다음 한자의 뜻을 생각해 보세요.

平 7급Ⅱ

'平'은 물에서 자란 물풀 모양을 본뜬 것이라고 합니다. 물풀이 자라는 수면은 평평하다고 해서 '평평하다'라는 뜻이 생겼습니다. 또한, 소리가 고르게 퍼져 나가는 모습을 나타냈다는 설이 있습니다. 그로부터 '고르다'라는 뜻이 유래했다고 합니다.

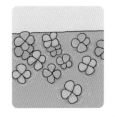

◎ 다음 낱말의 뜻을 알아보고, 빈칸에 알맞은 낱말을 써 보세요.

| 평평할 | 평 |
| 날 | 생 |

평생

세상에 태어나서 죽을 때까지의 동안.

• '요람에서 무덤까지'라는 말은 한 사람의

☐☐ 을 가리키는 말이다.

👆 친절한 샘 '요람'은 아기를 태우고 흔들어 놓게 하거나 잠재우는 물건입니다.

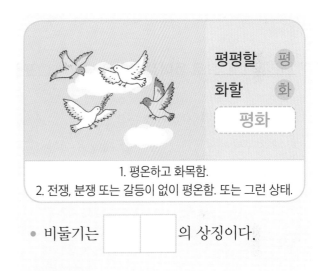

| 평평할 | 평 |
| 화할 | 화 |

평화

1. 평온하고 화목함.
2. 전쟁, 분쟁 또는 갈등이 없이 평온함. 또는 그런 상태.

• 비둘기는 ☐☐ 의 상징이다.

👆 친절한 샘 '상징'은 눈에 보이지 않는 가치를 눈에 보이는 구체적 사물로 표현하는 것입니다.

| 평평할 | 평 |
| 같을 | 등 |

평등

권리, 의무, 자격 등이 차별 없이 고르고 한결같음.

• 남자와 여자는 동등한 권리를 가진 인간

으로서 ☐☐ 하다.

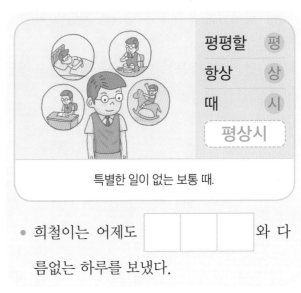

평평할	평
항상	상
때	시

평상시

특별한 일이 없는 보통 때.

• 희철이는 어제도 ☐☐☐ 와 다름없는 하루를 보냈다.

平 평평할 평

1 다음에서 설명하는 낱말을 [보기]에서 찾아 써 보세요. ▶ 241030-0081

보기

| 평등 | 평생 | 평화 | 평상시 |

1 세상에 태어나서 죽을 때까지의 동안. (   )

2 특별한 일이 없는 보통 때. (   )

3 권리, 의무, 자격 등이 차별 없이 고르고 한결같음. (   )

2 빈칸에 공통으로 들어갈 알맞은 낱말에 ○표를 하세요. ▶ 241030-0082

• 늘 과묵했던 진호가 오늘은 (   )와/과 다르게 말을 많이 했다.
• 친구에게 (   )에 잘 대해 주어야 친구도 나를 친절하게 대할 거예요.

1 평등 (   )   2 평화 (   )   3 평상시 (   )

3 밑줄 친 부분과 바꾸어 쓸 수 있는 낱말을 써 보세요. ▶ 241030-0083

1 선생님은 우리 반 학생들을 차별 없이 대하셨다. ➡ | ㅍ | ㄷ | 하게

2 전 세계의 사람들이 갈등을 겪지 않고 살았으면 좋겠다. ➡ | ㅍ | ㅎ | 롭게

4 빈칸에 들어갈 알맞은 낱말은 무엇인가요? (   ) ▶ 241030-0084

우리 할아버지께서는 (   )을 고생만 하셨다.

① 공생   ② 발생   ③ 상생   ④ 평생   ⑤ 학생

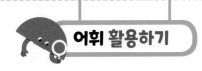

5~6 다음 글을 읽고, 물음에 답해 보세요.

우리는 민주주의 사회에서 살고 있습니다. 민주주의는 시민이 나라의 주인이 되는 정치 제도를 말합니다. 한 사람이 왕이 되어 나라를 다스리거나 세 명 또는 네 명이 권력을 다 갖는 것이 아니라 많은 사람이 나라를 어떻게 이끌어 갈지 결정합니다. 민주주의 사회는 시민 각자의 자유와 평등을 중요하게 여깁니다. 시민들은 정치에 참여할 자격이 공평하게 주어지며 그 자격을 누구도 함부로 빼앗을 수 없습니다.

민주주의는 고대 그리스의 아테네에서 시작됐습니다. 아테네는 도시 국가로 인구도 적었습니다. 아테네의 시민들은 평상시에도 정책을 정할 때마다 회의를 열고 토론했습니다. 모든 시민이 직접 정치에 참여했다고 해서 '직접 민주주의'라고도 합니다. 그러나 오늘날에는 국가가 크고 시민의 숫자가 많아 모든 사람이 한자리에 모여 의논하기 어렵기 때문에 나라를 이끌 대표를 뽑습니다. 이를 '간접 민주주의'라고 합니다. 선거에서 뽑힌 대통령, 국회 의원은 대표로서 정치적인 힘을 갖지만, 4년 또는 5년으로 기간이 정해져 있어서 평생 계속할 수는 없습니다. 대표들은 맡은 역할을 잘하고, 시민들 각자가 평화롭고 정의로운 세상이 되도록 힘써야 진정한 민주주의가 이루어질 것입니다.

5 민주주의 사회가 중요하게 여기는 가치는 무엇인지 빈칸에 알맞은 말을 써 보세요.　　▶ 241030-0085

시민 각자의 자유와 [　　][　　]

6 윗글의 내용과 일치하는 것에 ○표를 하세요.　　▶ 241030-0086

1 민주주의는 시민이 나라의 주인이 되는 정치 제도이다. (　　　)

2 시민들이 선거를 해서 뽑는 대표는 대법관과 판사가 있다. (　　　)

3 한 번 대표로 뽑히면 평생 동안 정치적인 힘을 가질 수 있다. (　　　)

어휘 더하기 - 태평양

클 태 + 평평할 평 + 큰 바다 양

오대양의 하나. 유라시아, 남북아메리카, 오스트레일리아 따위의 대륙에 둘러싸인 바다. 세계 바다 면적의 반을 차지한다. 면적은 1억 6525만 ㎢.

세계 다섯 개의 큰 바다 중에서 [　][　][　] 이 가

장 넓다.

海 바다 해가 들어간 어휘

○ 다음 한자의 뜻과 소리를 따라 써 보세요.

海 바다 해
(뜻)   (소리)

○ 다음 낱말을 보고, 그림과 함께 뜻을 생각해 보세요.

해안
바다 해 + 언덕 안

남해
남녘 남 + 바다 해

해양
바다 해 + 큰 바다 양

다도해
많을 다 + 섬 도 + 바다 해

○ 이미 알고 있는 낱말에 ✔표를 하세요.

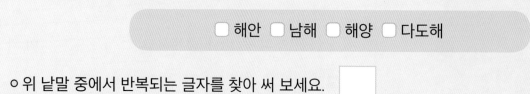

　해안 　남해 　해양 　다도해

○ 위 낱말 중에서 반복되는 글자를 찾아 써 보세요. ☐

◎ 다음 한자의 뜻을 생각해 보세요.

7급Ⅱ

'海'는 '바다'를 뜻하는 글자입니다. 'ⅰ(삼수변 수)'는 '水(물 수)'의 변형이고, '每(매양 매)'는 비녀로 머리를 단장한 어머니의 모습을 본뜬 것입니다. 옛사람들은 땅과 바다 같은 자연을 어머니에 빗대곤 해서 강물이 흘러 이룬 큰 바다를 '어머니의 물'로 보았습니다.

◎ 다음 낱말의 뜻을 알아보고, 빈칸에 알맞은 낱말을 써 보세요.

바다	해
언덕	안
해안	

바다와 육지가 맞닿은 부분.

• 멀리 구름이 보이는 ☐☐ 은 평화로워 보였다.

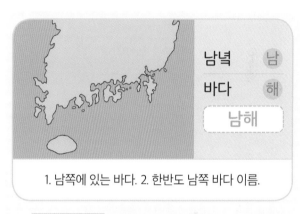

남녘	남
바다	해
남해	

1. 남쪽에 있는 바다. 2. 한반도 남쪽 바다 이름.

• ☐☐ 의 해안선은 섬이 많아 들쭉날쭉하다.

바다	해
큰바다	양
해양	

넓고 큰 바다. 지구 표면의 약 70%를 차지하는 물의 영역.

• 대서양은 신대륙 발견 이후 ☐☐ 무역의 중심지였다.

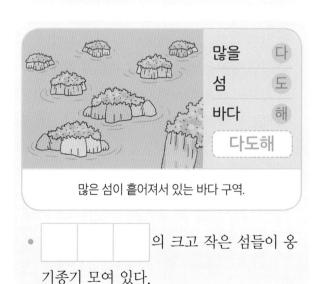

많을	다
섬	도
바다	해
다도해	

많은 섬이 흩어져서 있는 바다 구역.

• ☐☐☐ 의 크고 작은 섬들이 옹기종기 모여 있다.

👉 친절한 샘 '해양'은 태평양·대서양·인도양 따위를 통틀어서 이르기도 합니다.

👉 친절한 샘 '다도해'는 높이가 들쭉날쭉한 땅이 오랜 시간에 걸쳐 가라앉아 해면에 산의 꼭대기 부분이 섬으로 남은 것입니다.

1 밑줄 친 낱말에 공통으로 쓰인 한자의 뜻과 음을 써 보세요. (   ) ▶ 241030-0087

- 바다에 떠 있는 물체를 보기 위해 해안으로 더 가까이 다가갔다.
- 이순신은 다도해의 지형적 특성을 고려해 왜적을 물리칠 전략을 세웠다.
- 바다는 아직까지 우리에게 잘 알려지지 않았고 해양 자원의 가치는 무궁무진하다.

2 다음 그림을 보고, '해'가 들어가는 알맞은 낱말을 써 보세요. ▶ 241030-0088

3 밑줄 친 글자 중 '바다 해(海)'와 관계없는 것을 두 가지 고르세요. (,   ) ▶ 241030-0089

① 난파선의 파편이 해안에 밀려왔다.
② 이번 여름에는 남해로 여행 가고 싶다.
③ 작년 농사는 해충 때문에 피해가 컸다.
④ 기사의 내용을 이해하는 데에 애를 먹었다.
⑤ 해양을 통해서 다른 나라와 더 많이 교류해야 한다.

4 빈칸에 공통으로 들어갈 낱말로 알맞은 것에 ○표를 하세요. ▶ 241030-0090

서			남			동					선

1 남해 (   )   2 해안 (   )   3 해저 (   )

 **어휘 활용하기**

✓ 정답과 해설 14쪽

5~6 **다음 글을 읽고, 물음에 답해 보세요.**

우리나라는 삼면이 바다로 둘러싸여 있습니다. 한반도의 지도를 바라보았을 때 우리나라의 왼쪽은 서해, 오른쪽은 동해, 아래쪽은 남해라고 부릅니다. 그런데 삼면의 바다는 모두 다른 특징을 보입니다. 동해는 해안이 남북으로 길게 뻗어 단조롭습니다. 바닷물이 깊고 밀물과 썰물의 차이가 심하지 않아 갯벌이 없습니다. 넓은 모래사장이 펼쳐져 있고 해안 절벽이 발달했습니다. 서해는 해안선이 들쭉날쭉하고 복잡합니다. 수심이 얕고 밀물과 썰물의 차이가 커서 갯벌이 나타납니다. 갯벌에는 많은 해양 생물들이 살고 있으며 어장이나 양식장으로 활용되며, 염전이 있습니다. 남해도 해안선이 복잡하고 갯벌이 발달해 있습니다. 섬이 이천 개가량 있어 다도해로도 불리며 풍경이 아름답습니다. 바닷물의 온도가 적절해서 양식업이 가장 활발하게 이루어지고 있습니다.

5 다음 그림의 빈칸에 알맞은 말을 써 보세요.

▶ 241030-0091

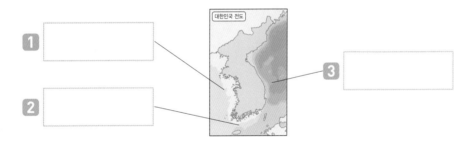

6 윗글의 내용과 일치하지 <u>않는</u> 것에 △표를 하세요.

▶ 241030-0092

1 동해는 해안선이 들쭉날쭉하고 복잡하다. (   )

2 서해의 갯벌에는 많은 해양 생물들이 살고 있다. (   )

3 남해는 섬이 이천 개가량 있어서 다도해로 불린다. (   )

어휘 더하기 - 인산인해

사람 인 + 메 산 + 사람 인 + 바다 해

사람이 산을 이루고 바다를 이루었다는 뜻으로, 사람이 수없이 많이 모인 상태를 이르는 말.

밴드의 노래를 듣기 위해서 모인 인파가

□□□□ 를 이루었다.

話 말씀 화 가 들어간 어휘

○ 다음 한자의 뜻과 소리를 따라 써 보세요.

話   말씀 화
뜻   소리

○ 다음 낱말을 보고, 그림과 함께 뜻을 생각해 보세요.

우화

맡길(부칠) 우 + 말씀 화

대화

대할 대 + 말씀 화

화제

말씀 화 + 제목 제

동화책

아이 동 + 말씀 화 + 책 책

○ 이미 알고 있는 낱말에 ✓표를 하세요.

☐ 우화   ☐ 대화   ☐ 화제   ☐ 동화책

○ 위 낱말 중에서 반복되는 글자를 찾아 써 보세요. ☐

話

어휘 익히기

○ 다음 한자의 뜻을 생각해 보세요.

話 7급Ⅱ

'話'는 '言(말씀 언)'과 '舌(혀 설)'이 합쳐져서 만들어진 글자입니다. 혀는 말할 때 중요하게 사용되는 발음 기관이므로 '言'과 '舌'이 합쳐지면서 '말하다'라는 뜻을 갖게 되었습니다.

○ 다음 낱말의 뜻을 알아보고, 빈칸에 알맞은 낱말을 써 보세요.

맡길(부칠) **우**
말씀 **화**
우화

동식물이나 기타 사물을 사람처럼 표현하여 그들의 행동 속에 풍자와 교훈의 뜻을 나타내는 이야기.

• '토끼와 거북이'는 대중에게 잘 알려진 ☐☐ 이다.

👆친절한 샘 '우화'의 '우(寓)'는 '맡기다', '의존하다'라는 뜻이 있습니다. 동식물에게 사람의 역할을 맡기어 표현한 이야기이기 때문에 우화라고 합니다.

대할 **대**
말씀 **화**
대화

마주 대하여 이야기를 주고받음. 또는 그 이야기.

• 수영이와 예빈이가 즐겁게 ☐☐ 를 나누었다.

말씀 **화**
제목 **제**
화제

1. 이야기의 제목. 2. 이야기할 만한 재료나 소재.

• 우리는 서로 안부를 묻고 본격적인 용건으로 ☐☐ 를 바꾸었다.

아이 **동**
말씀 **화**
책 **책**
동화책

동화를 쓴 책.

• 나는 어릴 때 ☐☐☐ 읽기를 좋아했다.

어휘 다지기 15 話 말씀 화

1 **낱말과 그에 해당하는 뜻풀이를 알맞게 연결해 보세요.** 241030-0093

1 우화 •
2 대화 •
3 화제 •

• ㉠ 이야기의 제목, 이야기할 만한 재료나 소재.
• ㉡ 동식물이나 기타 사물을 사람처럼 표현하여 그들의 행동 속에 풍자와 교훈의 뜻을 나타내는 이야기.
• ㉢ 마주 대하여 이야기를 주고받음. 또는 그 이야기.

2 **다음 그림을 보고, '화'가 들어가는 알맞은 낱말을 써 보세요.** 241030-0094

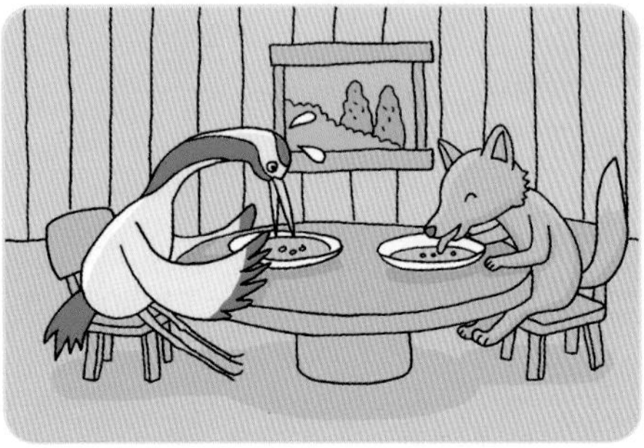

3 **밑줄 친 낱말 중 '말씀 화(話)'가 들어가지 <u>않은</u> 것에 ○표를 하세요.** 241030-0095

1 간밤에 공장에서 <u>화재</u>가 발생해서 큰 재산 피해가 있었다. (　　　)
2 오늘 <u>화제</u>의 인물을 이 자리에 모셨으니 큰 박수로 환영해 주세요. (　　　)
3 아이에게 <u>동화책</u>을 읽어 주는 것은 문해력에 긍정적인 영향을 줍니다. (　　　)

4 **빈칸에 들어갈 알맞은 낱말을 [보기]에서 찾아 써 보세요.** 241030-0096

보기

대화　　우화　　화제　　동화책

1 우리는 어색한 분위기 속에서도 어렵게 (　　　　　　　)을/를 이어 나갔다.
2 희철이가 친구를 도와준 일은 우리 교실에서 (　　　　　　　)이/가 되었다.

✓ 정답과 해설 15쪽

5~6 다음 글을 읽고, 물음에 답해 보세요.

우화란 동물이나 식물, 사물이 주인공으로 등장해 사람처럼 말하고 행동하는 교훈적인 이야기를 뜻합니다. 우화 중에서 가장 유명한 이야기는 '이솝 우화'입니다. 이솝은 2,500년 전 고대 그리스 지역에서 활동했습니다. 그는 노예였지만 재치 있고 똑똑해서 능력을 인정받아 노예 신분에서 벗어났다고 합니다. 그가 만든 이야기는 사람들에게 많은 사랑을 받으며 입에서 입으로 전해졌습니다. 이솝 우화의 화제는 대체로 사람에게 흔히 보이는 습관, 어리석음이나 욕심, 사람 사이에 서로 속고 속이는 관계 등입니다. 우리는 이러한 이야기를 읽으면서 세상을 현명하게 살아가는 지혜를 터득하게 됩니다.

예를 들어, 바람과 태양이 대화하며 자기 능력을 뽐내다가 나그네 옷을 벗기자고 내기하는 『북풍과 태양』은 동화책에도 자주 실릴 정도로 유명합니다. 북풍이 센 바람을 일으켜서 강제로 나그네 옷을 벗기려 했으나 실패하고, 태양이 볕을 내자 나그네가 더워서 스스로 옷을 벗게 되었다는 이야기입니다. 여기에는 무리한 강요보다 부드러운 설득이 사람의 마음을 움직이기 쉽다는 교훈이 담겨 있습니다.

5 윗글의 내용과 일치하는 것에는 ○표를, 일치하지 <u>않는</u> 것에는 △표를 하세요.

▶ 241030-0097

1 이솝은 노예였다가 능력을 인정받고 노예 신분에서 벗어났다. (   )

2 우화는 동물, 식물, 사물이 사람처럼 말하고 행동하는 이야기이다. (   )

3 이솝 우화는 아주 일부 사람들에게만 관심을 받아서 알려져 있지 않다. (   )

6 윗글의 내용을 바르게 이해한 친구의 이름을 <u>모두</u> 써 보세요. (,   )

▶ 241030-0098

> **소희:** 『북풍과 태양』 이야기가 이솝 우화라는 것을 처음으로 알게 되었어.
> **지윤:** '북풍'은 다른 사람의 행동을 바꾸려고 무리하게 강요하는 사람을 나타내.
> **예담:** '태양'은 사람을 약하게 만들고 게으르게 만드는 강함을 표현하고 있어.

어휘 더하기 - 전화번호

번개(전기) 전 + 말씀 화 + 차례 번 + 이름 호

가입된 전화마다 매겨져 있는 일정한 번호.

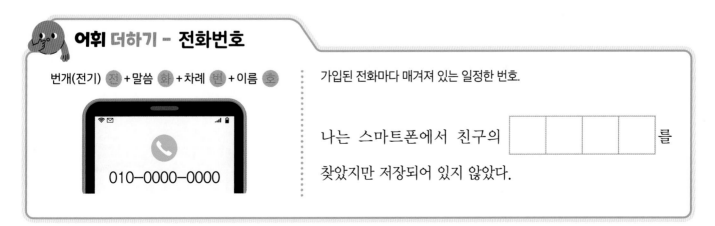

나는 스마트폰에서 친구의 [   ]를 찾았지만 저장되어 있지 않았다.

1 낱말과 그에 해당하는 뜻풀이를 알맞게 연결해 보세요. ▶ 241030-0099

1 정면 •

2 평등 •

3 우화 •

• ㉠ 권리, 의무, 자격 등이 차별 없이 고르고 한결같음.

• ㉡ 1. 똑바로 마주 보이는 면. 2. 사물에서, 앞쪽으로 향한 면. 3. 에두르지 아니하고 직접 마주 대함.

• ㉢ 동식물이나 기타 사물을 사람처럼 표현하여 그들의 행동 속에 풍자와 교훈의 뜻을 나타내는 이야기.

2 다음 그림을 보고, 관계있는 것을 [보기]에서 찾아 써 보세요. ▶ 241030-0100

보기

| 대화 | 정의 | 평생 | 다도해 | 직사각형 |

1

2

3

3 빈칸에 들어갈 알맞은 낱말을 [보기]에서 찾아 써 보세요. ▶ 241030-0101

보기

| 공정 | 남해 | 수직 | 평화 | 화제 |

1 전쟁이 없는 (   )의 시대가 어서 오기를 기대한다.

2 초등학교 1학년 때 담임 선생님을 (   )(으)로 친구와 한참 이야기했다.

4 밑줄 친 글자 중에서 뜻이 다른 하나에 ○표를 하세요. ▶ 241030-0102

1 평생 (   )   2 평상시 (   )   3 평판 (   )

어휘 놀이터

◎ 아래의 뜻풀이에 해당하는 낱말을 골라 선으로 연결해 퍼즐을 맞춰 보세요.

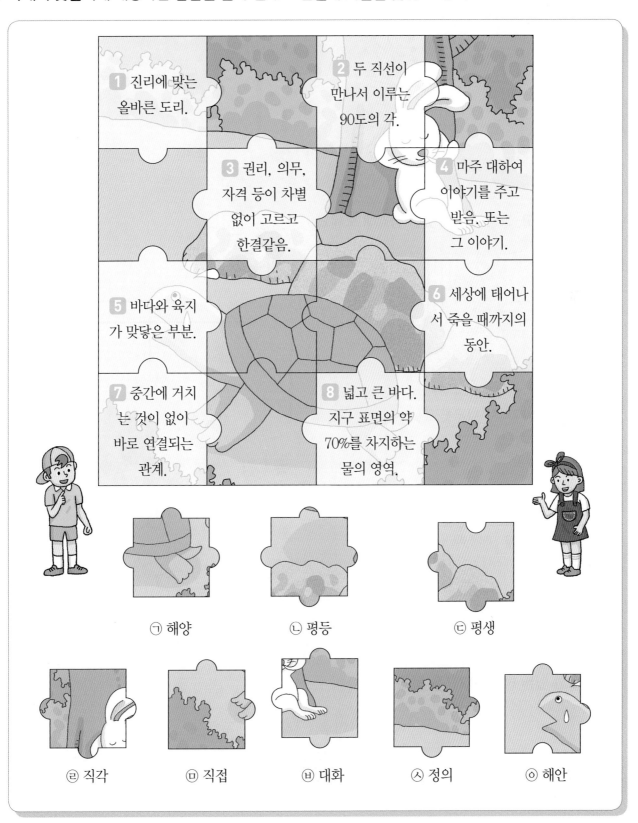

1 진리에 맞는 올바른 도리.

2 두 직선이 만나서 이루는 90도의 각.

3 권리, 의무, 자격 등이 차별 없이 고르고 한결같음.

4 마주 대하여 이야기를 주고 받음. 또는 그 이야기.

5 바다와 육지 가 맞닿은 부분.

6 세상에 태어나 서 죽을 때까지의 동안.

7 중간에 거치 는 것이 없이 바로 연결되는 관계.

8 넓고 큰 바다. 지구 표면의 약 70%를 차지하는 물의 영역.

㉠ 해양   ㉡ 평등   ㉢ 평생

㉣ 직각   ㉤ 직접   ㉥ 대화   ㉦ 정의   ㉧ 해안

後 뒤 후 가 들어간 어휘

후 ঢ়

◎ 다음 한자의 뜻과 소리를 따라 써 보세요.

後 뒤 후
    뜻 소리

◎ 다음 낱말을 보고, 그림과 함께 뜻을 생각해 보세요.

후회

뒤 후 + 뉘우칠 회

이후

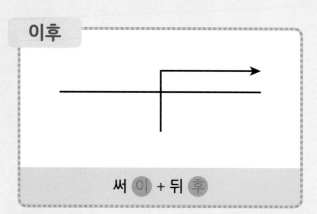

써 이 + 뒤 후

후반

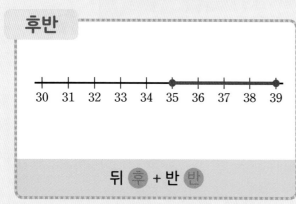

뒤 후 + 반 반

독후감

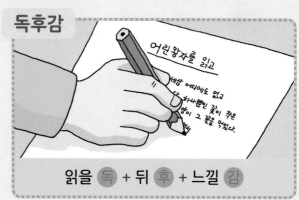

읽을 독 + 뒤 후 + 느낄 감

○ 이미 알고 있는 낱말에 ✓표를 하세요.

☐ 후회 ☐ 이후 ☐ 후반 ☐ 독후감

○ 위 낱말 중에서 반복되는 글자를 찾아 써 보세요. ☐

후 ঢ়

◉ 다음 한자의 뜻을 생각해 보세요.

7급Ⅱ

後

'後'는 'ㅓ(조금 걸을 척)'과 'ㄠ(작을 요)', 'ㄤ(뒤처져 올 치)'의 뜻이 합쳐져 만들어진 글자입니다. '발걸음(ㅓ)'을 '조금씩', '작게(ㄠ)' 하니 '뒤처진다(ㄤ)'는 의미가 되어 '뒤', '뒤떨어짐'을 나타내게 되었습니다.

◉ 다음 낱말의 뜻을 알아보고, 빈칸에 알맞은 낱말을 써 보세요.

뒤 후
뉘우칠 회

후회

이전의 잘못을 깨닫고 뉘우침.

• 그는 자신의 실수를 [ ][ ] 했다.

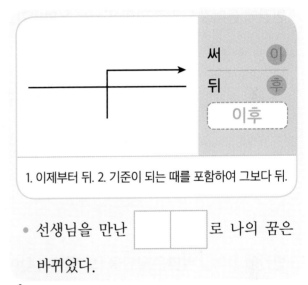

써 이
뒤 후

이후

1. 이제부터 뒤. 2. 기준이 되는 때를 포함하여 그보다 뒤.

• 선생님을 만난 [ ][ ] 로 나의 꿈은 바뀌었다.

👆 친절한 샘 '써 이(以)'는 '~(로)써, ~로, ~ 때문에, ~부터' 등 의미를 연결해 주는 역할을 합니다.

뒤 후
반 반

후반

전체를 반씩 둘로 나눈 것의 뒤쪽 반.

• 그의 나이는 삼십 대 [ ][ ] 으로 보였다.

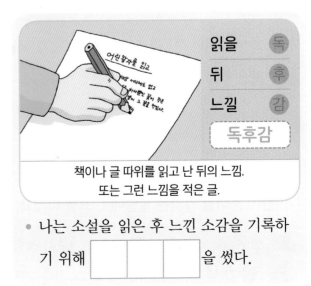

읽을 독
뒤 후
느낄 감

독후감

책이나 글 따위를 읽고 난 뒤의 느낌. 또는 그런 느낌을 적은 글.

• 나는 소설을 읽은 후 느낀 소감을 기록하기 위해 [ ][ ][ ] 을 썼다.

어휘 다지기 16 後 뒤 후

1 밑줄 친 낱말의 공통적인 뜻으로 알맞은 것에 ○표를 하세요. ▶ 241030-0103

> 이<u>후</u>   <u>후</u>반   <u>후</u>회

1 뒤 (   )   **2** 앞 (   )   **3** 위 (   )

2 빈칸에 들어갈 낱말로 알맞은 것은 무엇인가요? (   ) ▶ 241030-0104

전	반

↔ 반대의 뜻

전체를 반씩 둘로 나눈 것의 앞쪽 반.   전체를 반씩 둘로 나눈 것의 뒤쪽 반.

① 후반   ② 후배   ③ 후보   ④ 후식   ⑤ 후회

3 빈칸에 들어갈 알맞은 낱말을 [보기]에서 찾아 써 보세요. ▶ 241030-0105

보기
> 이후   후회   독후감

1 그는 자신의 행동을 (   )하고 다시는 그렇게 하지 않기로 다짐했다.

2 책을 읽은 뒤에 (   )을/를 글로 남기면 자기 생각을 넓히는 데에 도움이 된다.

4 빈칸에 들어갈 알맞은 낱말에 ○표를 하세요. ▶ 241030-0106

1 선수들은 경기의 (후반, 후손)부터 체력이 급격히 떨어졌다.

2 예수가 태어난 해를 기준으로 그 전을 '기원전', (기후, 이후)를 '기원후'라 한다.

5~6 다음 글을 읽고, 물음에 답해 보세요.

오늘은 『심청전』을 읽었습니다. 소설을 읽으면서 '효도'에 대해서 생각하게 되어 독후감을 남깁니다. 『심청전』은 주인공 심청이 앞을 보지 못하는 아버지의 눈을 뜨게 해 주려고 자기 몸을 인당수라는 바다의 제물로 바치는 이야기입니다. 아버지가 눈을 뜰 욕심에 절의 스님에게 쌀 300석을 부처님께 바치겠다는 약속을 했고, 그 사실을 알게 된 심청은 인당수의 제물이 되기로 하고 쌀 300석을 받습니다. 심청이 아버지에게 자신을 제물로 바치게 되었다고 말하는 장면은 가슴 아픕니다.

그런데 ㉠아버지의 눈을 뜨게 하려고 자신의 목숨을 버리는 것은 옳을까요? 실제로 심청의 아버지는 심청의 말을 듣고 쌀 300석을 공양하기로 한 약속을 후회하면서 너를 잃고 눈을 뜨면 무엇 하냐며 슬퍼합니다. 심청의 행동은 오히려 아버지를 슬프게 하므로 진정한 효도가 아닌 것 같습니다.

다행히 소설의 후반부터는 일이 잘 풀립니다. 심청은 바다에 빠진 이후에 죽지 않고 황제와 결혼하여 황후가 됩니다. 심청은 앞 못 보는 사람들을 초대하는 잔치를 열어 아버지를 만납니다. 아버지는 황후가 심청임을 알자 얼굴을 보려고 눈을 번쩍 뜹니다. 심청과 아버지가 모두 행복해지는 결말이었습니다.

5 『심청전』의 이야기에 대한 설명과 일치하는 것에 ○표를 하세요.

▶ 241030-0107

1 심청은 앞을 보지 못하는 사람이다. (　　　)

2 심청이 바다에 빠지자마자 아버지는 눈을 떴다. (　　　)

3 심청은 바다에 빠진 이후에 황제와 결혼해 황후가 된다. (　　　)

6 ㉠의 질문에 대해서 글쓴이와 입장이 같은 친구의 이름을 써 보세요. (　　　　　　　)

▶ 241030-0108

지은: 제물이 되어서까지 아버지의 눈을 뜨게 해 주려고 한 심청의 효심이 대단해.

경아: 딸을 제물로 바친 게 되었으니 아버지는 눈을 떠도 행복하지 않을 것 같아.

어휘 더하기 - 우후죽순

비 우 + 뒤 후 + 대나무 죽 + 죽순 순

비가 온 뒤에 여기저기 솟는 죽순이라는 뜻으로, 어떤 일이 한때에 많이 생겨남을 비유적으로 이르는 말.

인공 지능 기술이 발전하면서 코딩 교육에 관심 갖는

사람들이 ☐☐☐☐ 으로 많아졌다.

歌 노래 가 가 들어간 어휘

◉ 다음 한자의 뜻과 소리를 따라 써 보세요.

歌   노래 가
           (뜻)   (소리)

◉ 다음 낱말을 보고, 그림과 함께 뜻을 생각해 보세요.

가곡

노래 가 + 악곡 곡

가창

노래 가 + 부를 창

가사

노래 가 + 말 사

대중가요

큰 대 + 무리 중 + 노래 가 + 노래 요

○ 이미 알고 있는 낱말에 ✓표를 하세요.

☐ 가곡 ☐ 가창 ☐ 가사 ☐ 대중가요

○ 위 낱말 중에서 반복되는 글자를 찾아 써 보세요. ☐

어휘 익히기

다음 한자의 뜻을 생각해 보세요.

7급

歌

'歌'는 '哥(노래 가)'와 '欠(하품 흠)'이 결합하여 만들어진 글자입니다. 이미 노래를 뜻하는 '哥'가 있었는데, 노래를 할 때 '입'을 사용하니 '노래'라는 뜻을 강조하려고 하품할 때 입을 벌리고 있음을 나타내는 '欠'을 추가했다고 합니다.

다음 낱말의 뜻을 알아보고, 빈칸에 알맞은 낱말을 써 보세요.

| 노래 | 가 |
| 악곡 | 곡 |

가곡

1. 우리나라 전통 성악곡의 하나.
2. 서양 음악에서, 시에 곡을 붙인 성악곡.

- 어제 저녁 테너 가수는 무대에서 홀로 멋진 ☐☐ 을 불렀다.

👉 **친절한 샘** 오늘날 '가곡'은 2번의 뜻으로 많이 쓰입니다.

| 노래 | 가 |
| 부를 | 창 |

가창

노래를 부름.

- 음악 시간에 우리 반 아이들은 교가를 ☐☐ 했다.

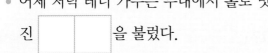
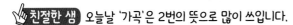

날좀 보 소-오   날좀 보 소-오
동지 섣 다아알   꽃본 듯 이 이-

| 노래 | 가 |
| 말 | 사 |

가사

가곡, 가요, 오페라 따위로 불릴 것을 전제로 하여 쓰인 글.

- 작사가는 곡에 ☐☐ 를 붙이는 일을 하는 사람이다.

👉 **친절한 샘** '가사'는 순우리말로 '노랫말'이라고 부르기도 합니다.

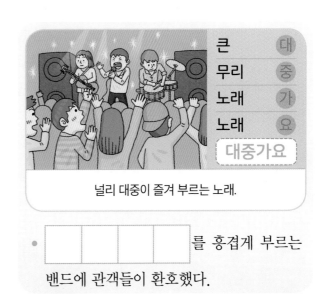

큰	대
무리	중
노래	가
노래	요

대중가요

널리 대중이 즐겨 부르는 노래.

- ☐☐☐☐ 를 흥겹게 부르는 밴드에 관객들이 환호했다.

👉 **친절한 샘** '대중'은 수많은 사람의 무리, 현대 사회를 구성하는 대다수의 사람을 뜻합니다.

1 낱말과 그에 해당하는 뜻풀이를 알맞게 연결해 보세요.   ▶ 241030-0109

1 가곡 •

2 가사 •

3 대중가요 •

• ㉠ 1. 우리나라 전통 성악곡의 하나.
   2. 서양 음악에서, 시에 곡을 붙인 성악곡.

• ㉡ 널리 대중이 즐겨 부르는 노래.

• ㉢ 가곡, 가요, 오페라 따위로 불릴 것을 전제로 하여 쓰인 글.

2 밑줄 친 부분과 바꾸어 쓸 수 있는 낱말을 [보기]에서 찾아 써 보세요.   ▶ 241030-0110

보기

가곡   가사   가창   대중가요

1 저 노래의 노랫말은 한 편의 시처럼 아름답다. (   )

2 노래 부르기는 내 마음을 들뜨고 즐겁게 한다. (   )

3 밑줄 친 글자 중 '노래 가'와 관계없는 것은 무엇인가요? (   )   ▶ 241030-0111

① 우리 가족은 드디어 바다를 향해 여행을 떠났다.
② 최근에 아이돌 가수들이 대중가요계를 주도하고 있다.
③ 가곡을 부르던 테너 가수는 관중들의 마음을 사로잡았다.
④ 노래를 부르다가 가사가 기억나지 않아서 공연을 망쳤다.
⑤ 조선 시대에 유명한 판소리는 가창과 이야기하기가 번갈아 나온다.

4 빈칸에 알맞은 낱말을 써 보세요.   ▶ 241030-0112

1 소프라노 가수는 피아노 반주에 맞춰 아름다운 | ㄱ | ㄱ | 을 불렀다.

2 소민이는 평소에도 | ㄷ | ㅈ | ㄱ | ㅇ | 를 흥얼거리며 부르기 좋아한다.

5~6 다음 글을 읽고, 물음에 답해 보세요.

> 오늘날 많은 인기를 끌고 있는 뮤지컬은 오페라에서 시작되었습니다. 오페라는 노래와 연극이 결합한 종합 예술의 성격이 강했습니다. 성악가는 연극의 등장인물로서 무대에 오르는데, 연기보다는 가창이 중심이 됩니다. 오페라의 노래는 가곡으로 이루어져 있어, 성악가들의 기교와 실력이 중요합니다. ㅤ ㉠ ㅤ은/는 사랑이나 두려움, 분노 등의 감정을 드러내는 시적 표현이 두드러집니다. 뮤지컬에 비해 춤 동작이 크지 않고 화려하기보다는 고상합니다.
>
> 뮤지컬은 문학, 음악, 연극이 결합한 오페라의 성격을 이어받은 종합 예술입니다. 뮤지컬 역시 무대 위의 가수가 연기와 노래를 함께 하며 이야기를 이끌어 갑니다. 그렇지만 연극적인 성격이 강해 노래와 함께 이야기의 진행도 중요합니다. 무대에 오르는 사람은 노래 못지않게 연기와 춤에도 실력을 갖추어야 합니다. 뮤지컬의 노래는 대중가요에 가까워 우리에게 친숙합니다. 또한, 뮤지컬은 무대 장치가 화려하고 춤 동작이 강조됩니다. 상업적인 성격이 짙은 편입니다.

5 ㉠에 들어갈 알맞은 낱말은 무엇인가요? (   ) ▶ 241030-0113

① 가문   ② 가사   ③ 가식   ④ 가정   ⑤ 가풍

6 윗글의 내용을 아래의 표로 정리했을 때 빈칸에 들어갈 낱말을 써 보세요. ▶ 241030-0114

구분	오페라	뮤지컬
노래	**1** [ㅤㅤㅤ](으)로 이루어짐.	대중가요에 가까움.
연기와 노래의 비중	연기보다 **2** [ㅤㅤㅤ]이/가 중심	가창, 연기, 춤 모두 중요
무대와 춤	춤 동작이 크지 않고 고상함.	무대 장치가 **3** [ㅤㅤㅤ]하고 춤 동작이 강조됨.

어휘 더하기 - 개가

이길 개 + 노래 가

1. 싸움에서 이기고 돌아올 때에 부르는 노래. 2. 이기거나 큰 성과가 있을 때의 환성. 보통 '개가를 올리다'라는 관용구로 쓰여 '큰 성과를 거두다'라는 의미를 나타냄.

나폴레옹은 여러 전쟁에서 승리하여 유럽의 넓은 영토를 차지하는 [ㅤㅤ][ㅤㅤ]를 올렸다.

同 같을 동이 들어간 어휘

◎ 다음 한자의 뜻과 소리를 따라 써 보세요.

같을 동

뜻   소리

◎ 다음 낱말을 보고, 그림과 함께 뜻을 생각해 보세요.

공동

공평할 공 + 같을 동

협동

화합할 협 + 같을 동

동질감

같을 동 + 바탕 질 + 느낄 감

동고동락

같을 동 + 쓸 고 + 같을 동 + 즐길 락

○ 이미 알고 있는 낱말에 ✓표를 하세요.

☐ 공동 ☐ 협동 ☐ 동질감 ☐ 동고동락

○ 위 낱말 중에서 반복되는 글자를 찾아 써 보세요. ☐

움同

◎ 다음 한자의 뜻을 생각해 보세요.

7급

同

'同'은 '凡(무릇 범)'과 '口(입 구)'가 합쳐져서 만들어진 글자입니다. '凡'은 '큰 그릇'을 나타내는 글자로서 '보통', '모두'라는 뜻을 갖고 있습니다. 거기에 입을 뜻하는 '口'가 더해져 '모두가 같이 말한다.'라는 뜻이 만들어졌고 '같다', '함께'라는 뜻으로 굳어졌습니다.

◎ 다음 낱말의 뜻을 알아보고, 빈칸에 알맞은 낱말을 써 보세요.

공평할 **공**
같을 **동**

공동

사회 대부분의 사람이 함께하거나 서로 관계됨.

• 우리는 [ ][ ]의 문제를 해결하기 위해 회의를 했다.

화합할 **협**
같을 **동**

협동

서로 마음과 힘을 하나로 합함.

• 모두 한마음으로 [ ][ ] 해 연탄 나르기 봉사 활동을 잘 마쳤다.

같을 **동**
바탕 **질**
느낄 **감**

동질감

성질이 서로 비슷해서 익숙하거나 잘 맞는 느낌.

• 같은 교복을 입으니 [ ][ ][ ]이 느껴진다.

같을 **동**
쓸 **고**
같을 **동**
즐길 **락**

동고동락

괴로움도 즐거움도 함께함.

• 국토 순례를 하는 동안 [ ][ ][ ][ ] 했던 친구들이 그립다.

👆**친절한 샘** '동질감'의 '질(質)'은 '바탕'이라는 뜻을 지니는데, '바탕'은 타고난 성질이나 재질을 뜻합니다.

1 밑줄 친 낱말의 뜻풀이로 알맞은 것에 ○표를 하세요.

241030-0115

① 시민들은 도시에서 발생하는 <u>공동</u>의 문제를 논의하기 위해 한자리에 모였다.
→ 사회 대부분의 사람이 (함께, 홀로)하거나 서로 관계됨.

② 희준이와 지안이는 서로를 이해하고 <u>동질감</u>을 느꼈다.
→ (성질, 출발)이 서로 비슷해서 익숙하거나 잘 맞는 느낌.

2 다음 그림을 보고, '동'이 들어가는 알맞은 낱말을 써 보세요.

241030-0116

3 밑줄 친 낱말에 '같을 동'이 쓰이지 않은 문장의 기호를 써 보세요. ( )

241030-0117

㉠ 우리 모둠은 한마음으로 <u>협동</u> 과제를 멋지게 완성했다.
㉡ 올림픽에 출전하기 위해 많은 <u>운동</u> 선수들이 훈련하고 있다.
㉢ <u>동고동락</u>하는 친구들이 있어서 아무리 힘들어도 버틸 수 있었다.

4 빈칸에 들어갈 알맞은 낱말을 [보기]에서 찾아 써 보세요.

241030-0118

보기

공동   협동   동질감   동고동락

① ( )이 느껴지는 친구는 친해지기 쉽다.

② 유기견이 많아지는 현상은 우리 지역 ( )의 문제입니다.

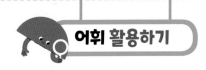
5~6 **다음 글을 읽고, 물음에 답해 보세요.**

우리나라를 지방 자치 사회라고 합니다. 국가의 정책과 별도로 도, 시, 군 등 지역 단위로 그 지방의 특성과 주민들의 요구에 따라 특색 있는 정책과 제도를 만들기 때문입니다. 그런데 조선 시대에도 이런 지방 자치 제도가 있었습니다. 바로 '향약'입니다.

향약은 촌락 단위로 마을 사람들이 공동으로 정한 규범입니다. '향약'이라는 한자어는 '마을의 약속'을 뜻합니다. 예를 들면, 농촌 지역에서는 모내기 철이 되면 일손이 많이 필요했는데, 마을 사람들끼리 구역을 정하고 같은 구역에 있는 집들은 힘을 모아 모내기를 함께 하기로 약속하는 것입니다.

향약의 큰 원칙 네 가지가 있습니다. '좋은 일은 서로 권한다. 잘못은 서로 일깨워 준다. 예절로써 서로 사귄다. 어려운 일은 서로 도와준다.' 향약은 협동해야 생산성이 높아지는 농촌 공동체에 딱 맞았습니다. 마을 사람들은 동고동락하면서 서로 돕는 생활에 익숙해졌습니다. 마을의 문제를 함께 해결하면서 마을 공동체의 동질감도 높아졌습니다. 향약은 우리 선조들의 지혜를 알게 해 주는 제도랍니다.

5 윗글에서 다음 설명에 해당하는 낱말을 찾아 써 보세요. (   ) ▶ 241030-0119

- 조선 시대에 있었던 지방 자치 제도이며, 낱말 자체가 한자어로 '마을의 약속'을 뜻합니다.
- 촌락 단위로 그 지역에서 마을 사람들이 공동으로 정한 규범입니다.

6 향약의 장점으로 알맞은 것을 <u>두 가지</u> 골라 기호로 써 보세요. (,   ) ▶ 241030-0120

ㄱ 향약은 협동해야 생산성이 높아지는 도시 공동체와 어울린다.
ㄴ 함께 마을의 문제를 해결하면서 마을 공동체의 동질감이 높아진다.
ㄷ 마을 사람들은 괴로움도 즐거움도 함께하면서 서로 돕는 생활에 익숙해진다.

어휘 더하기 - 동상이몽

같을 동 + 상 상 + 다를 이 + 꿈 몽

같은 자리에 자면서 다른 꿈을 꾼다는 뜻으로, 겉으로는 같이 행동하면서도 속으로는 각각 딴생각을 하고 있음을 이르는 말.

동수와 현기는 함께 저녁을 먹기로 했는데 메뉴에 대해서는 ☐☐☐☐ 을 하고 있었다.

登 오를 등 이 들어간 어휘

◎ 다음 한자의 뜻과 소리를 따라 써 보세요.

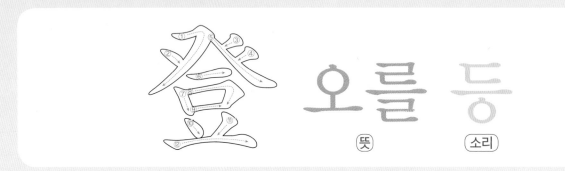

登   오를 등
  (뜻)   (소리)

◎ 다음 낱말을 보고, 그림과 함께 뜻을 생각해 보세요.

등단

오를 등 + 단 단

등극

오를 등 + 극진할 극

등재

오를 등 + 실을 재

등록금

오를 등 + 기록할 록 + 쇠 금

○ 이미 알고 있는 낱말에 ✓표를 하세요.

☐ 등단 ☐ 등극 ☐ 등재 ☐ 등록금

○ 위 낱말 중에서 반복되는 글자를 찾아 써 보세요. ☐

음 登

◉ 다음 한자의 뜻을 생각해 보세요.

'登'은 '癶(등질 발)'과 '豆(콩 두)'가 결합된 글자입니다. '癶'은 두 발을 벌린 모양을 나타내고, '豆'는 제사에서 쓰는 그릇 모양을 나타냅니다. 두 글자의 뜻이 합쳐지면서 제사 그릇을 제단에 올려놓는다고 하여 '오르다'라는 뜻이 되었답니다.

◉ 다음 낱말의 뜻을 알아보고, 빈칸에 알맞은 낱말을 써 보세요.

오를 │ 등
단 │ 단

등단

어떤 사회적 분야에 처음으로 등장함.
주로 문학, 미술 분야를 이른다.

• 그는 이번 신춘문예를 통해 소설 작가로
☐☐ 했다.

👆 **친절한 샘** '신춘문예'는 매해 초 신문사에서 신인 작가를 발굴하려고 벌이는 문학 대회입니다.

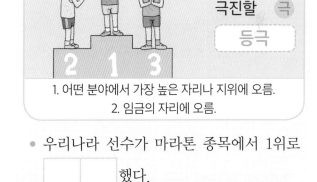

오를 │ 등
극진할 │ 극

등극

1. 어떤 분야에서 가장 높은 자리나 지위에 오름.
2. 임금의 자리에 오름.

• 우리나라 선수가 마라톤 종목에서 1위로
☐☐ 했다.

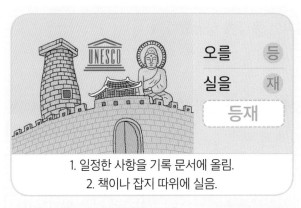

오를 │ 등
실을 │ 재

등재

1. 일정한 사항을 기록 문서에 올림.
2. 책이나 잡지 따위에 실음.

• 첨성대는 유네스코 세계 문화유산으로
☐☐ 되었다.

오를 │ 등
기록할 │ 록
쇠 │ 금

등록금

학교나 학원 따위에 등록할 때 내는 돈.

• 우리 대학의 ☐☐☐ 은 매년 조금씩 오르고 있다.

어휘
다지기 **19** 登 오를 등

1 다음에서 설명하는 낱말을 [보기]에서 찾아 써 보세요. ▶ 241030-0121

보기

등극   등단   등재   등록금

1 어떤 사회적 분야에 처음으로 등장함. (   )

2 학교나 학원 따위에 등록할 때 내는 돈. (   )

3 어떤 분야에서 가장 높은 자리나 지위에 오름. (   )

2 빈칸에 공통으로 들어갈 알맞은 낱말을 찾아 ○표를 하세요. ▶ 241030-0122

• 안동 하회 마을은 2010년 유네스코 세계 문화유산으로 (   )되었다.
• 김 작가는 올해만 벌써 다섯 번째 자신의 소설을 잡지에 (   )했다.

1 등극 (   )   **2** 등단 (   )   **3** 등재 (   )

3 밑줄 친 '등극'의 쓰임이 어색한 문장에 ○표를 하세요. ▶ 241030-0123

1 정조는 조선의 22대 왕으로 1776년 등극했다. (   )

2 그는 최선을 다해 달렸으나 아쉽게도 2등으로 등극했다. (   )

3 권투 선수는 최종 결승전에서 상대방을 꺾고 챔피언 등극에 성공했다. (   )

4 밑줄 친 ㉠~㉤의 글자 중에서 '오를 등'으로 쓰인 것을 세 가지 골라 기호로 써 보세요. ▶ 241030-0124

(,   ,   )

미영이는 정식 작가로 ㉠등단하여 ㉡등산을 주제로 한 소설을 많이 썼고, 등단한 지 이십년 만에 우리나라 최고의 작가로 ㉢등극했습니다. 고㉣등학교 학생들을 대상으로 소설가의 삶을 알리는 강의도 많이 했습니다. 앞으로 ㉤등대를 소재로 한 소설을 써 나갈 계획이라고 작품 활동에 대해서 밝힌 바 있습니다.

5~6 다음 글을 읽고, 물음에 답해 보세요.

윤동주는 일제 강점기의 시인입니다. 그는 만주 북간도에서 1917년에 태어났습니다. 가정 형편이 넉넉한 덕분에 등록금과 생활비를 지원받으며 연희 전문 대학을 졸업하고 일본 유학도 갈 수 있었습니다. 1942년부터 일본에서 문학을 공부했는데 1943년 독립운동에 가담했다는 혐의로 경찰에 체포되었습니다. 후쿠오카 교도소에 갇혀 고생하다가 1945년 2월, 광복을 6개월 앞두고 숨을 거두고 맙니다.

그는 15세부터 시를 쓰기 시작했습니다. 몇 편의 동시, 글, 시를 잡지에 등재하기는 했으나 살아 있는 동안 등단하지는 않았기에 공식적인 시인은 아니었습니다. ㉠그의 시는 부끄러움의 감정을 주로 표현하고 있습니다. 민족 모두가 힘들었던 일제 강점기를 살아가면서 자신을 돌아보고 어떻게 살아가는 것이 좋은지 고민하면서 느낀 감정입니다. 그의 시집은 친구들의 노력으로 그가 죽은 후에 발간되었습니다. 그제야 사람들은 윤동주가 쓴 훌륭한 시들을 알아보았고 젊은 나이에 죽은 시인을 안타까워했습니다. 그의 아름다운 시는 지금까지 많은 사랑을 받아 우리 민족을 대표하는 작품으로 등극했습니다.

5 윗글의 내용과 일치하는 것에 ○표를 하세요.

▶ 241030-0125

1 윤동주는 등단하여 활발하게 작품을 발표했다. (   )

2 윤동주는 자신의 시집을 친구들에게 나눠 주었다. (   )

3 윤동주는 독립운동에 참여한 혐의로 교도소에 갇혔다. (   )

6 ㉠의 이유로 적절한 말을 한 친구의 이름을 써 보세요. (   )

▶ 241030-0126

호인: 사람들이 자신의 시가 훌륭하다는 사실을 몰라보고 무시했기 때문이야.

상윤: 일제 강점기를 살아가면서 자신을 돌아보는 과정에서 고민을 많이 했기 때문이야.

어휘 더하기 - 등용문

오를 등 + 용 용 + 문 문

용문(龍門)에 오른다는 뜻으로, 어려운 관문을 통과하여 크게 출세하게 됨. 또는 그 관문을 이르는 말. 잉어가 중국 황허강(黃河江) 중류의 급류인 용문을 오르면 용이 된다는 전설에서 유래한다.

조선 시대에 과거 시험은 벼슬을 하고 싶은 사람이 반드시 거쳐야 할 [ ][ ][ ]이었다.

來 올 래 가 들어간 어휘

◯ 다음 한자의 뜻과 소리를 따라 써 보세요.

올 래

뜻   소리

◯ 다음 낱말을 보고, 그림과 함께 뜻을 생각해 보세요.

도래

이를 도 + 올 래

미래

아닐 미 + 올 래

본래

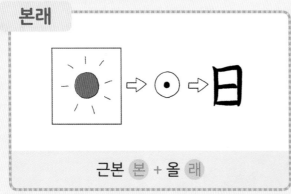

근본 본 + 올 래

상거래

장사 상 + 갈 거 + 올 래

○ 이미 알고 있는 낱말에 ✓표를 하세요.

◻ 도래 ◻ 미래 ◻ 본래 ◻ 상거래

○ 위 낱말 중에서 반복되는 글자를 찾아 써 보세요. ☐

◎ 다음 한자의 뜻을 생각해 보세요.

7급

'來'는 보리가 땅에 뿌리 내리고 줄기가 나온 모양을 본떴다고 합니다. 옛사람들은 보리와 같은 곡식은 하늘이 주는 것으로서 사람들에게 '오는 것'으로 여겼습니다. 그래서 '오다'라는 뜻이 되었답니다.

◎ 다음 낱말의 뜻을 알아보고, 빈칸에 알맞은 낱말을 써 보세요.

이를 도
올   래

도래

어떤 시기나 기회가 닥쳐옴.

• 곧 [　][　] 할 내 동생 생일이 무척 기대된다.

아닐 미
올   래

미래

1. 앞으로 올 때. 2. 말하는 순간보다 나중에 오는 행동, 상태 따위를 나타내는 시제.

• 그는 축구 선수로 활약할 [　][　] 를 꿈꾸며 연습했다.

👆**친절한 샘** 우리말에서 '곧 비가 오겠다.'처럼 '-겠-'을 넣은 시간 표현이 대표적인 미래 시제입니다.

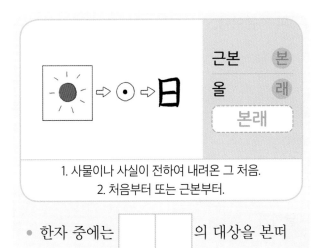

근본 본
올   래

본래

1. 사물이나 사실이 전하여 내려온 그 처음.
2. 처음부터 또는 근본부터.

• 한자 중에는 [　][　] 의 대상을 본떠서 만든 글자가 있다.

장사 상
갈   거
올   래

상거래

상업상으로 무엇인가를 주고받음. 또는 사고파는 것.

• 수산 시장에서는 생선과 같은 수산물의 [　][　][　] 가 이루어진다.

來 올 래

1 밑줄 친 글자의 공통적인 뜻으로 알맞은 것에 ○표를 하세요.
241030-0127

도래   미래   본래   상거래

1 가다 (   )   **2** 멈추다 (   )   **3** 오다 (   )

2 다음 시간을 나타내는 표현에서 빈칸에 알맞은 낱말을 쓰세요.
241030-0128

과	거

이미 지나간 때.

➡

현	재

지금의 시간.

➡

앞으로 올 때.

3 빈칸에 들어갈 알맞은 낱말에 ○표를 하세요.
241030-0129

1 고인돌은 (오래, 본래) 지도자의 무덤이었다.

2 이익과 손해를 생각하는 것은 (상거래, 운동회)의 기본이다.

4 빈칸에 들어갈 낱말로 알맞은 것은 무엇인가요? (   )
241030-0130

아파트 관리비를 내야 하는 날짜가 | | |했다.

① 거래   ② 도래   ③ 미래   ④ 유래   ⑤ 장래

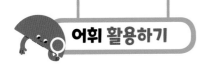

5~6 다음 글을 읽고, 물음에 답해 보세요.

요즘은 신용 카드로 물건을 사는 풍경이 익숙합니다. 돈 없이도 물건을 사는 일은 어떻게 가능할까요? 본래 먼 옛날에는, 상거래를 할 때 물건과 물건을 맞바꾸었습니다. 그러다가 물건을 가지고 다니며 바꾸는 게 불편해 돈이 등장했고 돈과 물건을 맞바꾸어 거래했습니다.

신용 카드는 개인이 가진 신용을 이용하여 물건이나 서비스를 사는 신용 판매 제도에 이용되는 카드입니다. 일정 기간 카드로 물건을 사면, 정해진 날짜가 도래했을 때 물건을 산 만큼의 돈을 한꺼번에 갚는 방식입니다. 신용 카드를 사용할 때 서명을 하는데, 정해진 날짜에 돈을 갚겠다고 약속하는 것입니다. 카드를 사용하는 사람이 미래에 돈을 갚을 것이라는 믿음이 있어야 이런 일이 가능하겠지요? 그 약속과 믿음이 바로 신용입니다. 만약 돈을 갚지 못하면 신용을 잃게 되고 신용 거래를 못 하게 됩니다. 그래서 신용 카드를 쓸 때는 꼭 필요한 것만 사야 하고, 갚을 수 있는 만큼만 사용해야 합니다.

5 윗글의 일부를 아래와 같이 정리할 때 빈칸에 알맞은 낱말을 쓰세요.

▶ 241030-0131

수단의 변화

물건과 물건의 교환 ➡ 돈과 물건의 교환 ➡ 신용 카드를 사용하는 거래

6 윗글의 내용과 일치하지 <u>않는</u> 것은 무엇인가요? (   )

▶ 241030-0132

① 카드를 사용하고 돈을 갚지 못하면 신용을 잃게 된다.
② 신용 카드를 쓸 때는 꼭 필요한 것만 사는 태도를 갖추어야 한다.
③ 신용은 카드를 사용하는 사람이 과거에 돈을 많이 빌렸음을 나타낸다.
④ 카드로 물건을 사면 정해진 날짜가 도래했을 때 쓴 돈을 한꺼번에 갚아야 한다.
⑤ 신용 카드를 사용할 때 서명을 하는 것은 정해진 날짜에 돈을 갚겠다는 약속이다.

어휘 **더하기** - 고진감래

쓸 고 + 다할 진 + 달 감 + 올 래

쓴 것이 다하면 단 것이 온다는 뜻으로, 고생 끝에 즐거움이 옴을 이르는 말.

라고 하더니 드디어 대회에서 우승했다.

1 다음에서 설명하는 낱말을 [보기]에서 찾아 써 보세요.

241030-0133

보기

가곡	공동	도래	등재	독후감

1 1. 일정한 사항을 기록 문서에 올림. 2. 책이나 잡지 따위에 실음. (　　　　　　)

2 사회 대부분의 사람이 함께하거나 서로 관계됨. (　　　　　　)

3 어떤 시기나 기회가 닥쳐옴. (　　　　　　)

2 밑줄 친 낱말과 바꾸어 쓸 수 있는 것에 ○표를 하세요.

241030-0134

1 나는 영화의 중간까지 보면서 뒷부분이 과연 어떻게 진행될지 너무 궁금했다.

➡ (후회, 후반)

2 형은 원래 마음씨가 좋은 사람이라 다른 친구를 잘 도와줘요.

➡ (본래, 도래)

3 빈칸에 들어갈 알맞은 낱말을 [보기]에서 찾아 써 보세요.

241030-0135

보기

가사	등극	미래	이후	동질감

1 그 노래는 (　　　　)이/가 아름다워서 들을 때 더욱 감동적이야.

2 아마 먼 (　　　　)에는 우주선을 타는 일이 흔해질지도 모른다.

3 수영이와 호영이는 서로 화해한 (　　　　)(으)로 사이가 더 좋아졌다.

4 [보기]처럼 다음 각 낱말에 공통으로 쓰인 한자의 뜻과 음을 써 보세요.

241030-0136

보기

이후	후반	후회	독후감	➡	뒤 후

1 공동　협동　동질감　동고동락　➡ (　　　　　　)

2 가곡　가사　가창　대중가요　➡ (　　　　　　)

◎ 낱말의 뜻풀이가 왼쪽 칸이 맞으면 1을, 오른쪽 칸이 맞으면 0을 입력 번호에 쓰고, 아래 표의 코드 번호가 무엇인지 알아맞혀 보세요.

순번	낱말의 뜻풀이		입력 번호
㉠	**가곡** 1. 우리나라 전통 성악곡의 하나. 2. 서양 음악에서, 시에 곡을 붙인 성악곡.	**협동** 성질이 서로 비슷해서 익숙하거나 잘 맞는 느낌.	
㉡	**등단** 어떤 사회적 분야에 처음으로 등장함. 주로 문학, 미술 분야를 이른다.	**후회** 전체를 반씩 둘로 나눈 것의 뒤쪽 반.	
㉢	**동고동락** 서로 마음과 힘을 하나로 합함.	**대중가요** 널리 대중이 즐겨 부르는 노래.	
㉣	**상거래** 어떤 시기나 기회가 닥쳐옴.	**등록금** 학교나 학원 따위에 등록할 때 내는 돈.	
㉤	**고진감래** 쓴 것이 다하면 단 것이 온다는 뜻으로, 고생 끝에 즐거움이 옴을 이르는 말.	**개가** 같은 자리에 자면서 다른 꿈을 꾼다는 뜻으로, 겉으로는 같이 행동하면서도 속으로는 각각 딴 생각을 하고 있음을 이르는 말.	
㉥	**가창** 가곡, 가요, 오페라 따위로 불릴 것을 전제로 하여 쓰인 글.	**등극** 1. 어떤 분야에서 가장 높은 자리나 지위에 오름. 2. 임금의 자리에 오름.	

코드 번호:

㉠	㉡	㉢	㉣	㉤	㉥

間 사이 간이 들어간 어휘

○ 다음 한자의 뜻과 소리를 따라 써 보세요.

間 사이 간
뜻   소리

○ 다음 낱말을 보고, 그림과 함께 뜻을 생각해 보세요.

간식

방금 밥 먹었는데 간식을 또?

사이 간 + 먹을 식

인간

강아지는 인간의 친구야.

사람 인 + 사이 간

순간

순간적으로 번개가 쳤어.

눈 깜짝일 순 + 사이 간

실시간

이 경기를 실시간으로 볼 수 있다니!

실제 실 + 때 시 + 사이 간

○ 이미 알고 있는 낱말에 ✓표를 하세요.

☐ 간식 ☐ 인간 ☐ 순간 ☐ 실시간

○ 위 낱말 중에서 반복되는 글자를 써 보세요. ☐

◎ 다음 한자의 뜻을 생각해 보세요.

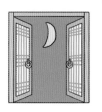

間 7급II

원래는 '문 문(門)'에 '달 월(月)'이 들어가 있는 '간(間)'으로 써서 이는 문틈(門) 사이로 달(月)이 보인다는 뜻에서 '틈새'라는 의미였습니다. 그런데 '間'이 한가하다는 뜻을 가진 '한(閑)'과 잘못 혼동해 쓰이는 경우가 많아 뜻을 정확히 하고자 '月' 대신 '日'을 넣은 '간(間)'을 새로 만들었습니다.

◎ 다음 낱말의 뜻을 알아보고, 빈칸에 알맞은 낱말을 써 보세요.

사이　간
먹을　식
간식

끼니와 끼니 사이에 음식을 먹음. 또는 그 음식.

• 그는 점심을 먹은 지 얼마 지나지 않아 ☐☐ 을 먹었다.

👆친절한 샘 중간에 먹는 음식 중에는 '새참'도 있습니다. '새참'은 일을 하다가 잠깐 쉬면서 먹는 음식을 가리킵니다.

사람　인
사이　간
인간

생각을 하고 언어를 사용하며, 도구를 만들어 쓰고 사회를 이루어 사는 동물.

• 반려동물은 ☐☐ 의 친구이다.

👆친절한 샘 '사람'과 '인간'은 사전적으로 의미가 같습니다. '사람'은 고유어이고, '인간'은 한자어라는 점에서 차이가 있습니다.

눈 깜짝일　순
사이　간
순간

1. 아주 짧은 동안. 2. 어떤 일이 일어난 바로 그때.

• 멍하니 있던 중 ☐☐ 번개가 쳐서 깜짝 놀랐다.

실제　실
때　시
사이　간
실시간

실제 흐르는 시간과 같은 시간.

• 해외 축구 경기를 ☐☐☐ 으로 시청했다.

間 사이 간

1 낱말과 그에 해당하는 뜻풀이를 알맞게 연결해 보세요.　241030-0137

1 순간 •

2 인간 •

3 실시간 •

4 간식 •

• ㉠ 실제 흐르는 시간과 같은 시간.

• ㉡ 끼니와 끼니 사이에 음식을 먹음. 또는 그 음식.

• ㉢ 생각을 하고 언어를 사용하며, 도구를 만들어 쓰고 사회를 이루어 사는 동물.

• ㉣ 1. 아주 짧은 동안. 2. 어떤 일이 일어난 바로 그때.

2 [보기]의 밑줄 친 낱말과 바꾸어 쓸 수 있는 낱말을 써 보세요.　241030-0138

보기

자동차를 타고 이동할 때 <u>잠깐</u> 졸았다.

ㅅ	ㄱ

3 빈칸에 들어갈 알맞은 낱말을 [보기]에서 찾아 써 보세요.　241030-0139

보기

간식　　인간　　실시간

1 순수한 아이들을 보면 (　　　　　　　)은 모두 착하게 태어나는 것 같아.

2 내가 좋아하는 해외 스포츠 경기를 (　　　　　　　)으로 볼 수 있어서 기뻤다.

3 저녁을 먹기 전에 (　　　　　　)으로 옥수수를 삶아 먹었다.

4 빈칸에 공통으로 들어갈 알맞은 낱말을 써 보세요.

ㅇ	ㄱ

　241030-0140

• (　　　)은/는 생각하는 동물이다.

• 우리는 모두 (　　　)다운 삶을 살기 위해 노력해야 한다.

• (　　　)의 지능이 발달하면서 두개골도 점점 커졌다.

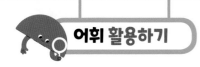 **어휘 활용하기**

✓ 정답과 해설 19쪽

5~6 다음 글을 읽고, 물음에 답해 보세요.

> 약과는 '과줄'이라고도 하는데 꿀과 기름을 섞은 밀가루 반죽을 판에 박아서 모양을 낸 후 기름에 지진 과자입니다. 최근 젊은 층에서 우리나라 전통 간식의 하나인 '약과'가 큰 인기를 끌고 있다고 합니다. 잔칫상이나 제사상에 올라가는 옛날 음식으로만 여겨졌던 약과가 젊은이들의 기호에 맞는 맛과 형태로 변해 그들의 입맛을 사로잡은 것입니다. 유명인들이 약과를 먹는 것을 실시간으로 방송하기도 하고, 약과를 사기 위해 길게 줄을 서는 것도 마다하지 않는 현상마저 생기게 되어 '약과'와 '티켓팅'이 합쳐진 '약켓팅'이라는 신조어까지 만들어졌다고 합니다.
>
> 약과는 서양 디저트와의 궁합도 좋고, 먹기에도 간편합니다. 또한 인간이 음식을 먹는 이유가 단순히 굶주린 배를 채우기 위해서만은 아니라고 할 때, 먹는 순간 어린 시절 추억을 떠올리게 하고 어른 세대와도 즐겁게 나누어 먹을 수 있는 약과가 모든 세대에서 사랑받는 이유를 알 것만 같습니다.

5 '약과'에 대한 설명으로 알맞지 <u>않은</u> 것은 무엇인가요? (   )

▶ 241030-0141

① 우리나라 전통 간식이다.
② 잔칫상이나 제사상에 올라간다.
③ 과줄과는 만드는 방식이 다르다.
④ 최근 젊은 층에서 큰 인기를 끌고 있다.
⑤ 꿀과 기름을 섞은 밀가루 반죽으로 만들어진다.

6 다음은 '약과가 사랑받는 이유'를 정리한 것입니다. 빈칸에 들어갈 낱말을 순서대로 써 보세요.

▶ 241030-0142

> 첫째, 서양 (   )와 잘 어울린다.
> 둘째, 먹기 (   )하다.
> 셋째, 모든 세대가 즐길 수 있다.

			,		

어휘 더하기 - 좌우지간

왼쪽 좌 + 오른쪽 우 + 갈 지 + 사이 간

> 좌우지간 열심히 노력해 보자!

'이렇든 저렇든 어떻든 간.'이라는 뜻으로, 앞 내용을 막론하고 뒤 내용을 말할 때 써서 앞뒤 문장을 이어 주는 역할을 함.

잘되든 잘못되든 [   ] 시작이라도 해 보자는 마음을 먹었다.

空 빌 공이 들어간 어휘

공부한 날짜   월   일

◎ 다음 한자의 뜻과 소리를 따라 써 보세요.

빌 공

뜻   소리

◎ 다음 낱말을 보고, 그림과 함께 뜻을 생각해 보세요.

공중

공중에 종이비행기가 날아간다.

빌 공 + 가운데 중

공상

빌 공 + 생각 상

공책

국어 노트

빌 공 + 책 책

항공기

배 항 + 빌 공 + 틀 기

○ 이미 알고 있는 낱말에 ✓표를 하세요.

☐ 공중 ☐ 공상 ☐ 공책 ☐ 항공기

○ 위 낱말 중에서 반복되는 글자를 써 보세요. ☐

운 공

◎ 다음 한자의 뜻을 생각해 보세요.

7급Ⅱ

空

'空'은 뜻을 나타내는 '구멍 혈(穴)'과 소리를 나타내는 글자 '장인 공(工)'이 결합하여 이루어진 한자입니다. 도구(工)로 구 덩이를 판 구멍(穴)이 비었다고 해서 '비다'라는 뜻을 나타내 며, 빈 것을 마음의 상태에 적용해 '공허하다, 헛되다'의 의미 로도 쓰입니다.

◎ 다음 낱말의 뜻을 알아보고, 빈칸에 알맞은 낱말을 써 보세요.

| 빌 | 공 |
| 가운데 | 중 |

공중

하늘과 땅 사이의 빈 곳.

• 열심히 접은 종이비행기가 ☐☐ 으 로 날아갔다.

👆 **친절한 샘** '공중'이 텅 비어 있으면 '빌 허'와 '빌 공'을 합해 '허공'이라고 합니다.

| 빌 | 공 |
| 생각 | 상 |

공상

현실적이지 못하거나 실현될 가망이 없는 것을 막연히 그리어 봄. 또는 그런 생각.

• 쓸데없는 ☐☐ 을 하느라 시간을 다 썼다.

👆 **친절한 샘** '가망'이란 '가능성이 있는 희망'을 의미합니다.

| 빌 | 공 |
| 책 | 책 |

공책

글씨를 쓰거나 그림을 그리도록 백지로 매어 놓은 책.

• 중요한 내용은 ☐☐ 에 적으며 수 업을 들었다.

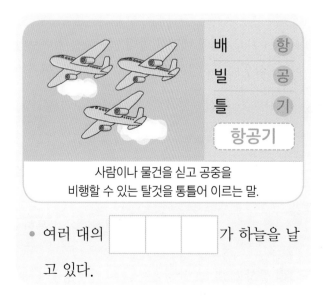

배	항
빌	공
틀	기

항공기

사람이나 물건을 싣고 공중을 비행할 수 있는 탈것을 통틀어 이르는 말.

• 여러 대의 ☐☐☐ 가 하늘을 날 고 있다.

空 빌 공

1 아래 그림과 관련된 낱말로 알맞은 것에 ○표를 하세요. ▶ 241030-0143

1 항공기 (   )

2 미사일 (   )

3 우주선 (   )

2 다음 중 '빌 공'이 포함되지 <u>않는</u> 낱말은 무엇인가요? (   ) ▶ 241030-0144

① <u>공중</u>을 향해 크게 소리쳤다.

② 나는 <u>공상</u>하는 버릇이 있어.

③ 수업 시간에는 <u>공책</u>을 준비해 오세요.

④ <u>항공기</u> 사고가 났다는 소식이 전해졌다.

⑤ <u>공사</u>가 끝날 때까지는 안전에 유의하세요.

3 빈칸에 공통으로 들어갈 알맞은 낱말을 [보기]에서 찾아 써 보세요. (   ) ▶ 241030-0145

> 보기
>
> 공중   공책

• (   )에 매달린 막대기를 한참 쳐다보았다.

• 실수로 풍선을 놓쳐 (   )으로 날아가 버렸다.

4 밑줄 친 부분을 대신해 쓸 수 있는 말로 알맞은 낱말에 ○표를 하세요. ▶ 241030-0146

> 대한이는 <u>현실적이지 못한 생각</u>에 잠겨 있는 시간을 좋아한다.

1 공상 (   )   2 공중 (   )   3 영상 (   )

5~6 다음 글을 읽고, 물음에 답해 보세요.

빈 공책에 하늘을 나는 비행기를 그리면 비행기를 타고 세계 이곳저곳을 여행할 수 있다는 생각에 마음이 흐뭇해집니다. 그런데 지금은 인간이 비행기를 타고 하늘을 나는 것이 너무나 당연한 일이지만, 사람이 공중을 나는 것은 공상 속에서만 가능하다고 생각하던 때가 있었습니다.

(㉮) 하늘을 날고자 하는 인간의 욕망은 다양한 도전을 만들어 냈고 결국 성공해서 현재에 이르게 되었습니다. 1896년 독일의 항공기 기술자였던 릴리엔탈은 자신이 만든 글라이더를 타고 비행을 했습니다. 그런데 안타깝게도 비행 도중에 강한 바람을 만나 사망하고 말았습니다. 그는 세상을 떠나기 직전에 "인류의 행복을 위해 누군가 내 뒤를 이을 사람이 나타나리라고 믿는다."라는 말을 남겼다고 합니다.

이후 그의 이러한 용기에 감동을 받은 한 형제가 나타납니다. 비행기를 발명한 사람으로 우리에게 잘 알려진 라이트 형제입니다. 그들은 자전거 사업을 통해 번 돈으로 비행에 도전했고 1903년 12월 17일, 드디어 플라이어 1호로 하늘을 나는 데 성공했습니다. 하늘을 난 최초의 인류가 탄생한 것입니다.

5 윗글을 읽고 알 수 있는 내용으로 알맞은 것끼리 바르게 짝지은 것은 무엇인가요? (   )

▶ 241030-0147

㉠ 비행기를 발명한 사람   ㉡ 라이트 형제가 비행에 성공한 날짜
㉢ 릴리엔탈과 함께 시험 비행에 도전한 인물   ㉣ 릴리엔탈의 글라이더와 라이트 형제의 비행기의 차이

① ㉠, ㉡   ② ㉠, ㉢   ③ ㉡, ㉢   ④ ㉡, ㉣   ⑤ ㉢, ㉣

6 ㉮에 들어갈 이어 주는 말로 알맞은 것에 ○표 하세요.

▶ 241030-0148

1 그리고 (   )   **2** 그러나 (   )   **3** 왜냐하면 (   )

어휘 더하기 - 탁상공론

높을 **탁** + 윗 **상** + 빌 **공** + 논할 **론**

현실성이 없는 허황한 이론이나 논의.

그들은 [   ][   ][   ][   ] 만 하고, 실질적인 해결책은 제시하지 못했다.

記 기록할 기가 들어간 어휘

○ 다음 한자의 뜻과 소리를 따라 써 보세요.

記 기록할 기

뜻   소리

○ 다음 낱말을 보고, 그림과 함께 뜻을 생각해 보세요.

기자

김교육 기자입니다.

기록할 기 + 사람 자

암기

구구단을 암기하는 게 생각보다 어려워.

어두울 암 + 기록할 기

기호

글이 기니까 문단의 기호를 정하자.

1문단은 ㉠, 2문단은 ㉡으로 하자.

기록할 기 + 부를 호

신기록

멀리뛰기 세계 신기록 달성

새로울 신 + 기록할 기 + 기록할 록

○ 이미 알고 있는 낱말에 ✓표를 하세요.

☐ 기자   ☐ 암기   ☐ 기호   ☐ 신기록

○ 위 낱말 중에서 반복되는 글자를 써 보세요. ☐

記 기

어휘 익히기

● 다음 한자의 뜻을 생각해 보세요.

記 7급Ⅱ

'記'는 뜻을 나타내는 '言(말씀 언)'과 소리를 나타내는 '己(자기 기)'가 결합하여 이루어진 한자입니다. 그래서 '記'는 '말(言)을 나(己)의 머릿속에 보관한다.'라는 뜻으로 만들어진 것으로 해석할 수 있습니다. 후에 뜻이 확대되면서 '기록하다', '적다'라는 뜻을 갖게 되었습니다.

● 다음 낱말의 뜻을 알아보고, 빈칸에 알맞은 낱말을 써 보세요.

기록할 기
사람 자
기자

신문, 잡지, 방송 따위에 실을 기사를 취재하여 쓰거나 편집하는 사람.

• 교육 방송 ☐☐ 가 저녁 뉴스를 보도하고 있다.

친절한 샘 기자들이 쓰는 글을 '기사'라고 하는데, 이는 '기록할 기'와 '일 사'를 합한 낱말입니다.

기록할 기
부를 호
기호

어떠한 뜻을 나타내기 위하여 쓰이는 부호, 문자, 표지 따위를 통틀어 이르는 말.

• 어려운 내용을 ☐☐ 로 나타내니 이해가 쉬워졌다.

어두울 암
기록할 기
암기

외워 잊지 아니함.

• 구구단을 ☐☐ 해야 수학 문제를 잘 풀 수 있다.

친절한 샘 악보를 외우는 것을 '암보'라고 하는데요, 이는 '어두울 암'과 '악보 보'를 합한 낱말입니다.

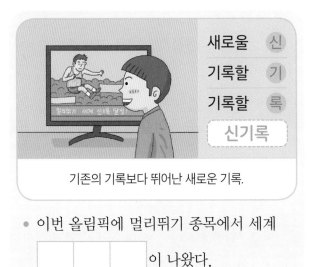

새로울 신
기록할 기
기록할 록
신기록

기존의 기록보다 뛰어난 새로운 기록.

• 이번 올림픽에 멀리뛰기 종목에서 세계 ☐☐☐ 이 나왔다.

記 기록할 기

1 빈칸에 공통으로 들어갈 알맞은 글자를 써 보세요. ▶ 241030-0149

( )자	신문, 잡지, 방송 따위에 실을 기사를 취재하여 쓰거나 편집하는 사람.	
암( )	외워 잊지 아니함.	ㄱ
신( )록	기존의 기록보다 뛰어난 새로운 기록.	

2 다음 그림과 관련 있는 낱말에 ○표를 하세요. ▶ 241030-0150

₩ ♡ ♫
☎ ♂

① 기호 ( )
② 숫자 ( )
③ 문자 ( )

3 아래의 글자들을 조합해 문장의 빈칸에 들어갈 알맞은 낱말을 써 보세요. (단, '기'는 여러 번 사용할 수 있습니다.) ▶ 241030-0151

신	자	호	기	암	록

① ☐☐ 는 기사를 쓸 때 있는 그대로의 사실을 정직하게 기록해야 한다.

② 그 선수는 열심히 노력한 끝에 올림픽 ☐☐☐ 을 세웠다.

4 빈칸에 공통으로 들어갈 알맞은 낱말에 ○표를 하세요. ▶ 241030-0152

암기   암호   암보

• 구구단을 ( )하니 곱셈이 훨씬 쉬어졌어.
• 영어 선생님께서 내일까지 단어 30개를 ( )하라고 말씀하셨다.

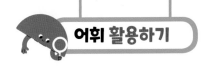
5~6 다음 글을 읽고, 물음에 답해 보세요.

방송 기자가 많은 내용을 외워서 보도하고, 배우가 긴 대사를 암기해서 연기하는 것을 보고 신기하다고 생각해 본 적 있나요? '암기'는 '외워 잊지 아니함.'이라는 뜻을 가진 낱말인데, 여러분도 공부하며 수학 공식이나 영어 단어 등을 암기했던 경험이 있을 것입니다. 그런데 많은 내용을 잊지 않고 기억하기는 참 어려운 일입니다. 암기를 잘하고, 외운 내용을 오랫동안 잊지 않는 방법은 없을까요?

암기 능력과 관련해 세계 신기록을 보유하고 있는 사람의 말에서 답을 찾을 수 있습니다. 그는 우선, 기억해야 할 내용을 지루할 정도로 여러 번 읽으라고 말합니다. 어떤 책이든 7번만 읽으면 책 한 권이 머릿속에 복사된다는 말이 있으니까요. 또한 단순히 글자로 외우는 것보다 머릿속에 그림을 그려 가며 외우라고 말합니다. 내용을 그림이나 기호로 바꾸어 암기하면 훨씬 더 오랫동안 내용을 기억할 수 있다는 겁니다. 이해한 내용을 다른 사람에게 설명하는 것도 암기를 잘하는 좋은 방법이라고 합니다.

5 윗글의 제목으로 알맞은 것은 무엇인가요? (   )

▶ 241030-0153

① 암기를 잘하는 방법
② 방송 기자와 배우의 어려움
③ 세계 신기록 보유자가 되는 법
④ 암기를 잘하는 사람들의 공통점
⑤ 내용을 글자보다 그림으로 기억해야 하는 이유

6 윗글을 읽고, 빈칸에 들어갈 알맞은 낱말을 [보기]에서 찾아 순서대로 써 보세요.

▶ 241030-0154

보기

| 경험 | 기억 | 기호 | 반복 | 설명 |

내용을 (   )해서 읽고, 그림이나 (   )로 내용을 기억하고, 이해한 내용을 다른 사람에게 (   )하면 암기의 효과를 높일 수 있다.

어휘 더하기 – 연대기

해 년(연) + 대신할 대 + 기록할 기

왕의 업적이 연대기순으로 정리되어 있네.

역사적으로 중요한 사건을 연대순으로 적은 기록.

| | | | 형식의 소설은 각 시대의 특징을 알 수 있어서 재미있다.

氣 기운 **기** 가 들어간 어휘

○ 다음 한자의 뜻과 소리를 따라 써 보세요.

氣 기운 기

뜻　　　소리

○ 다음 낱말을 보고, 그림과 함께 뜻을 생각해 보세요.

기분

꽃 냄새를 맡으니 기분이 좋아.

기운 기 + 나눌 분

기온

기온이 갑자기 내려 갔네.

기운 기 + 따뜻할 온

수증기

창문에 수증기가 맺혔네.

물 수 + 찔 증 + 기운 기

현기증

더워서 현기증이 나.

어지러울 현 + 기운 기 + 증세 증

○ 이미 알고 있는 낱말에 ✓표를 하세요.

☐ 기분 ☐ 기온 ☐ 수증기 ☐ 현기증

○ 위 낱말 중에서 반복되는 글자를 써 보세요. ☐

기

다음 한자의 뜻을 생각해 보세요.

7급Ⅱ

氣

'기운 기(气)'와 '쌀 미(米)'가 결합한 모습입니다. '气'는 하늘에 감도는 공기의 흐름이나 구름을 표현한 것이고, 여기에 '米'를 더해 밥을 지을 때 나는 '수증기'가 올라가는 모습을 표현했습니다. '气'와 마찬가지로 '기운'이나 '기세'의 뜻으로 쓰입니다.

다음 낱말의 뜻을 알아보고, 빈칸에 알맞은 낱말을 써 보세요.

기운 **기**
나눌 **분**

기분

꽃 냄새를 맡으니 기분이 좋아.

대상·환경 따위에 따라 마음에 절로 생기며 한동안 지속되는, 유쾌함이나 불쾌함 따위의 감정.

• 꽃 냄새는 사람의 ☐☐ 을 좋게 한다.

기온이 갑자기 내려갔네.

기운 **기**
따뜻할 **온**

기온

대기의 온도.

• 11월이 되니 ☐☐ 이 많이 내려갔다.

👆 **친절한 샘** '감정'은 어떤 현상이나 일에 대하여 일어나는 마음이나 느끼는 기분을 말합니다. '기분'과 뜻이 다른 듯 비슷하네요.

창문에 수증기가 맺혔네.

물 **수**
찔 **증**
기운 **기**

수증기

기체 상태로 되어 있는 물.

• 물이 ☐☐☐ 가 되었다.

더워서 현기증이 나.

어지러울 **현**
기운 **기**
증세 **증**

현기증

어지러운 기운이 나는 증세.

• 갑자기 ☐☐☐ 이 나서 자리에 주저앉았다.

👆 **친절한 샘** 액체가 기체로 변하는 것을 '기화'라고 합니다.

氣 기운 기

1 낱말의 첫소리와 뜻풀이를 보고 빈칸에 알맞은 낱말을 써 보세요.

241030-0155

① | ㅅ | ㅈ | ㄱ | : 기체 상태로 되어 있는 물.

② | ㄱ | ㅇ | : 대기의 온도.

③ | ㄱ | ㅂ | : 대상 · 환경 따위에 따라 마음에 절로 생기며 한동안 지속되는, 유쾌함이나 불쾌함 따위의 감정.

2 한 학생의 일기입니다. 그림을 보고 빈칸에 들어갈 알맞은 낱말을 써 보세요. (   )

241030-0156

○월 ○일 날씨 ♨

　오늘 학교에서 체육 대회를 했다. 정말 재미있었지만 날이 너무 더워서 | ㅎ | ㄱ | ㅈ |이 났다. 시원한 날 했으면 더 좋았을 텐데.

3 그림을 보고, 빈칸에 들어갈 알맞은 낱말을 써 보세요.

241030-0157

왼쪽 그림은 물체의 온도를 재는 온도계입니다. 이것으로 대기의 온도인 | | |을 알 수 있습니다. 액체나 저항의 온도를 측정할 수 있는 온도계도 있습니다.

4 빈칸에 공통으로 들어갈 알맞은 낱말에 ○표를 하세요.

241030-0158

| 기력 | 기분 | 기운 |

• 네 덕분에 (   )이 좋아.

• 옷이 다 젖어서 (   )이 나빠졌어.

• 친구의 말 때문에 (   )이 상했다.

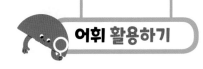

어휘 활용하기

5~6 다음 글을 읽고, 물음에 답해 보세요.

　'장마철'을 사전에서 찾아보면 '장마가 지는 철. 우리나라에서는 대체로 6월 말부터 8월 초이다.'라고 나와 있습니다. 다른 계절과 마찬가지로 매년 주기적으로 찾아오는 장마철에는 차갑고 수증기를 많이 포함한 오호츠크해 기단과 따뜻하고 습기가 많은 북태평양 기단이 만나서 장마 전선이 형성됩니다. 이렇게 만들어진 장마 전선의 영향권에 우리나라가 들어가면 기온은 높아지고 수증기가 많은 날이 지속됩니다.

　그런데 이런 날씨에는 사람들의 불쾌지수가 올라가게 됩니다. 불쾌지수란 기온과 습도 따위의 기상 요소를 자료로 무더위에 대하여 몸이 느끼는 불쾌의 정도를 나타내는 지수를 말하는데, 불쾌지수가 올라가면 현기증이 나는 등 신체에 변화가 일어나기도 하고, 사소한 일에도 쉽게 짜증이 나는 등 기분의 변화가 커집니다. 그러므로 ㉠장마철에는 서로의 기분을 잘 살펴야 합니다.

5 '장마철'에 대해 이해한 내용으로 알맞지 <u>않은</u> 것은 무엇인가요? (　　　) 　241030-0159

① 매년 주기적으로 찾아온다. 　　　　　② 대체로 6월 말부터 8월 초에 찾아온다.

③ 사람들의 불쾌지수를 상승시키기도 한다. 　　④ 기온은 낮고 수증기가 많은 날이 지속된다.

⑤ 오호츠크해 기단과 북태평양 기단의 영향을 받는다.

6 ㉠의 이유로 빈칸에 들어갈 알맞은 낱말을 순서대로 써 보세요. 　241030-0160

| | | | 가 높아져서 사소한 일에도 | | 이 상할 수 있기 때문에 |

어휘 더하기 - 저기압

낮을 저 + 기운 기 + 누를 압

하강 기류　상승 기류

고　저

고기압　저기압

대기 중에서 높이가 같은 주위보다 기압이 낮은 영역. 또는 사람의 기분이나 일의 형세가 좋지 아니한 상태를 말함.

열대 | | | 의 영향으로 강풍이 분다.

道 길 도

1 [보기]를 보고, 빈칸에 들어갈 알맞은 숫자를 써 보세요. ▶ 241030-0161

보기

| 도덕 | 1 | 도로 | 2 | 태권도 | 3 | 보도 | 4 |

1 대중 매체를 통하여 일반 사람들에게 새로운 소식을 알림. 또는 그 소식. (　　　)

2 사회의 구성원들이 양심, 사회적 여론, 관습 따위에 비추어 스스로 마땅히 지켜야 할 행동 규칙이나 규범의 총체. (　　　)

2 [보기]의 밑줄 친 글자와 뜻이 <u>다른</u> 하나는 무엇인가요? (　　　) ▶ 241030-0162

보기

토요일에는 태권<u>도</u> 승급 심사가 있다.

① 어제부터 합기<u>도</u> 학원에 다닌다.　　② 고속 <u>도</u>로를 달리며 창밖을 구경했다.

③ 공중<u>도</u>덕을 잘 지키려는 노력이 필요하다.　　④ 독<u>도</u>에서만 관찰할 수 있는 식물들이 있다.

⑤ 뉴스에 보<u>도</u>된 내용을 보고도 믿을 수 없었다.

3 그림을 설명하는 낱말로 알맞은 것에 ○표를 하세요. ▶ 241030-0163

1 검도 (　　　)

2 태권도 (　　　)

3 합기도 (　　　)

4 빈칸에 공통으로 들어갈 알맞은 낱말을 써 보세요. ▶ 241030-0164

학교 앞 [　　] 에 횡단보도가 없어서 학생들이 등하교를 할 때 매우 위험합니다. 학교 정문 앞 [　　] 에 횡단보도를 만들어 주세요. [　　]

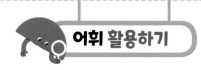
5~6 다음 글을 읽고, 물음에 답해 보세요.

ㄱ전국의 초등학교 주변을 둘러보면 도로 옆 상가 건물 여기저기에 태권도 학원이 위치한 것을 어렵지 않게 볼 수 있습니다. 태권도는 많은 어린이가 일상적으로 배우는 운동이자 우리나라의 자랑스러운 전통 무예입니다.

이런 ㄴ태권도가 2028년 미국 로스앤젤레스(LA) 올림픽에서도 정식 종목 지위를 유지했다는 보도가 여러 매체를 통해 전해졌습니다. 태권도는 지난 1994년 프랑스 파리 총회에서 ㄷ2000년 시드니 올림픽 정식 종목으로 채택돼 올림픽 무대에 데뷔했습니다. 이후 2024년 파리 올림픽까지 한 번도 거르지 않고 올림픽 정식 종목 지위를 지켜 냈습니다. 2028년 올림픽까지 정식 종목으로 참여하게 되었으니 ㄹ여름 올림픽 무대에 8번 연속으로 이름을 올린 것입니다.

태권도가 이처럼 세계 무대에 당당히 자리 잡을 수 있는 것은 몸을 보호하는 것을 목적으로 하는 신체적 기술이면서, ㅁ남을 존중하고 공동체를 중시하는 도덕적 가치를 가진 무예이기 때문입니다.

5 '태권도'에 대한 설명으로 알맞지 <u>않은</u> 것은 무엇인가요? (   )　　▶ 241030-0165

① 많은 어린이가 배우는 운동이다.　　　　　　② 우리나라의 자랑스러운 전통 무예이다.
③ 몸의 보호를 목적으로 하는 신체적 기술이다.　④ 1994년 올림픽 때 정식 종목으로 채택되었다.
⑤ 2028년 올림픽에도 정식 종목으로 참여하게 되었다.

6 ㄱ~ㅁ 중 다음 물음에 대한 답으로 알맞은 것은 무엇인지 써 보세요. (   )　　▶ 241030-0166

> **어린이 기자:** 태권도가 세계 무대에서 이토록 오래 사랑받는 이유가 무엇이라고 생각하십니까?

어휘 더하기 - 인도주의

사람 인 + 길 도 + 주인 주 + 옳을 의

인간의 존엄성을 최고의 가치로 여기고 인종, 민족, 국가, 종교 따위의 차이를 초월하여 인류의 안녕과 복지를 꾀하는 것을 이상으로 하는 사상이나 태도.

유엔은 난민들에게 ☐☐☐☐ 적 지원과 보호를 하겠다고 발표했습니다.

1 빈칸에 공통으로 들어갈 알맞은 글자를 써 보세요. ▶ 241030-0167

1	대기의 온도.	(　　)온
	어지러운 기운이 나는 증세.	현(　　)증
2	실제 흐르는 시간과 같은 시간.	실시(　　)
	끼니와 끼니 사이에 음식을 먹음. 또는 그 음식.	(　　)식
3	대중 매체를 통해 일반 사람들에게 새로운 소식을 알림.	보(　　)
	사람, 차 따위가 잘 다닐 수 있도록 만들어 놓은 비교적 넓은 길.	(　　)로
4	사람이나 물건을 싣고 공중을 비행할 수 있는 탈것을 통틀어 이르는 말.	항(　　)기
	현실적이지 못하거나 실현될 가망이 없는 것을 막연히 그리어 봄.	(　　)상

2 밑줄 친 부분을 대신해 쓸 수 있는 말로 알맞은 것은 무엇인가요? (　　　) ▶ 241030-0168

> 수학 시간에 새로 배운 공식을 외워서 잊지 않기 위해 여러 번 반복해서 읽었다.

① 보관하기　　② 주장하기　　③ 암기하기　　④ 수정하기　　⑤ 계획하기

3 빈칸에 들어갈 알맞은 낱말을 [보기]에서 골라 써 보세요. (　　　) ▶ 241030-0169

보기

공중　　순간　　수증기

1 물이 증발하면 (　　　　　)이/가 된다.

2 답답한 마음에 (　　　　　)을/를 향해 크게 소리쳤다.

3 멀리서 동물 울음소리가 나서 (　　　　　) 오싹해졌다.

4 빈칸에 들어갈 알맞은 낱말에 ○표를 하세요. ▶ 241030-0170

1 문자는 인간이 사용하는 다양한 (기호, 기술) 중 하나이다.

2 우리 조상들은 가난해도 (효과, 도덕)적인 삶을 가치 있게 생각했다.

정답과 해설 21쪽

◎ 아래 뜻풀이를 보고 십자말풀이를 완성해 보세요.

	4				5
1			2	6	
	7				
3					

가로 열쇠(➡)

1. 생각을 하고 언어를 사용하며, 도구를 만들어 쓰고 사회를 이루어 사는 동물을 뜻하는 말.

2. 비행할 수 있는 탈것을 통틀어 이름.

3. 우리나라 고유의 전통 무예를 바탕으로 한 운동.

세로 열쇠(⬇)

4. 실제 흐르는 시간과 같은 시간.

5. 역사적으로 중요한 사건을 연대순으로 적은 기록.

6. 글씨를 쓰거나 그림을 그리도록 백지에 매어 놓은 책.

7. 대중 매체를 통해 사람들에게 새로운 소식을 알림.

動 움직일 동 이 들어간 어휘

○ 다음 한자의 뜻과 소리를 따라 써 보세요.

動 움직일 동
     뜻   소리

○ 다음 낱말을 보고, 그림과 함께 뜻을 생각해 보세요.

활동

살 활 + 움직일 동

감동

너무 감동적이야.

느낄 감 + 움직일 동

충동

충동구매를 너무 많이 했네.

찌를 충 + 움직일 동

운동장

옮길 운 + 움직일 동 + 마당 장

○ 이미 알고 있는 낱말에 ✓표를 하세요.

☐ 활동 ☐ 감동 ☐ 충동 ☐ 운동장

○ 위 낱말 중에서 반복되는 글자를 써 보세요. ☐

움 동

어휘 익히기

◎ 다음 한자의 뜻을 생각해 보세요.

動 7급Ⅱ

뜻을 나타내는 '힘 력(力: 사람의 팔 모양으로 '힘써 일을 하다.'라는 뜻을 가짐.)'과 소리를 나타내는 '무거울 중(重: 물건을 들어 올리거나 움직이거나 할 때의 반응을 뜻함.)' 이 결합해 '움직이다'라는 뜻을 나타냅니다.

◎ 다음 낱말의 뜻을 알아보고, 빈칸에 알맞은 낱말을 써 보세요.

| 살 | 활 |
| 움직일 | 동 |

활동

몸을 움직여 행동함.

• 꾸준한 신체 [ ][ ] 이 건강의 비결이다.

👆 **친절한 샘** '활동'에는 '어떤 일의 성과를 거두기 위하여 힘씀.'이라는 뜻도 있습니다. '봉사 활동'의 '활동'이 그런 뜻입니다.

| 느낄 | 감 |
| 움직일 | 동 |

감동

크게 느끼어 마음이 움직임.

• 영화를 보고 [ ][ ] 을 받아서 눈물이 났다.

👆 **친절한 샘** 마음 깊이 감동을 받아 나는 흥을 '감흥'이라고 합니다.

| 찌를 | 충 |
| 움직일 | 동 |

충동

순간적으로 어떤 행동을 하고 싶은 욕구를 느끼게 하는 마음속의 자극.

• 사람들은 가끔 [ ][ ] 적으로 행동하기도 한다.

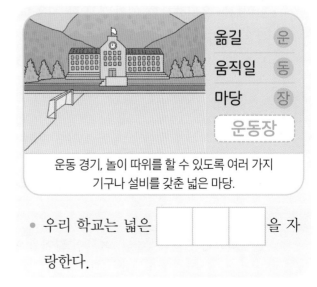

옮길	운
움직일	동
마당	장

운동장

운동 경기, 놀이 따위를 할 수 있도록 여러 가지 기구나 설비를 갖춘 넓은 마당.

• 우리 학교는 넓은 [ ][ ][ ] 을 자랑한다.

1 낱말과 그에 해당하는 뜻풀이를 알맞게 연결해 보세요.

241030-0171

1 활동 •

2 감동 •

3 충동 •

4 운동장 •

• ㉠ 운동 경기, 놀이 따위를 할 수 있도록 여러 가지 기구나 설비를 갖춘 넓은 마당.

• ㉡ 순간적으로 어떤 행동을 하고 싶은 욕구를 느끼게 하는 마음속의 자극.

• ㉢ 크게 느끼어 마음이 움직임.

• ㉣ 몸을 움직여 행동함.

2 빈칸에 들어갈 알맞은 낱말에 ○표를 하세요.

241030-0172

1 많은 이에게 (감동, 감사)을/를 주는 따뜻한 영화를 보았다.

2 체육 시간에는 (활동, 활용)하기 편한 옷을 입는 것이 좋다.

3 푸른 바다를 보니 얼른 뛰어들어 놀고 싶은 (충동, 충격)이 생겼다.

3 빈칸에 공통으로 들어갈 글자를 써 보세요.

241030-0173

• 할머니는 은퇴하신 후 매일 봉사 활☐을 다니셨다.
• 같은 책이라도 읽는 사람에 따라 감☐을 받는 부분은 다를 수 있다.
• 무슨 일이든 충☐적으로 결정하지 말고 먼저 신중하게 생각하는 것이 좋다.

☐

241030-0174

4 빈칸에 들어갈 낱말을 순서대로 바르게 써 보세요. (,   )

우리 학교는 ㅇ ㄷ ㅈ 이 넓어서 여러 학급이 동시에 체육 ㅎ ㄷ 을 할 수 있다.

어휘 활용하기

✓ 정답과 해설 22쪽

5~6 다음 글을 읽고, 물음에 답해 보세요.

1976년 건설된 잠실 종합 운동장은 올림픽 주 경기장과 보조 경기장, 실내 체육관 등으로 이루어져 있습니다. 이중 올림픽 주 경기장은 한 번에 최대 10만 명의 관중을 수용할 수 있는 규모를 갖고 있습니다. 이곳은 한국을 대표하는 건축가 김수근이 조선백자의 우아한 곡선미를 응용해 외관을 디자인했으며, 스탠드 1·2층을 분리하고 출입구를 54개로 분산 배치하여 많은 관중이 30분 이내에 퇴장할 수 있도록 과학적으로 설계했습니다. 1986년 서울에서 개최된 아시안 게임 개·폐회식과 1988년 서울 올림픽 경기도 여기서 개최되었습니다. 그 외에도 올림픽 주 경기장은 현재까지 각종 운동 경기와 문화 및 종교 활동의 장으로 활용되고 있는데, 낡은 시설을 개선하고 새로운 시대의 요구를 반영하기 위해 대대적인 구조 변경이 진행될 예정입니다. 많은 국민에게 감동을 주었던 공간이니만큼 김수근 건축가가 처음 디자인한 외관을 그대로 유지한 채 공사가 진행된다고 합니다.

5 윗글을 읽고 알 수 있는 내용으로 알맞은 것을 <u>두 가지</u> 고르세요. (,   )   ▶ 241030-0175

① 잠실 종합 운동장이라는 이름의 유래   ② 잠실 종합 운동장이 지역에 끼친 영향
③ 주 경기장에서 보조 경기장까지 이동 방법   ④ 주 경기장이 구조 변경을 진행하는 이유
⑤ 주 경기장이 한 번에 수용할 수 있는 관중의 수

6 올림픽 주 경기장에 대한 설명으로 알맞지 <u>않은</u> 것에 △표를 하세요.   ▶ 241030-0176

1 건축가 김수근이 디자인했다. (   )

2 1988년 서울 올림픽이 개최된 이후에 만들어졌다. (   )

3 처음 디자인을 유지한 채 구조 변경할 예정이다. (   )

어휘 더하기 - 원동력

근원 원 + 움직일 동 + 힘 력

딴생각은 제가 노벨상을 받게 한 원동력입니다.

어떤 움직임의 근본이 되는 힘.

그는 수상 소감으로 자신의 [   ][   ][   ]에 대해 말했다.

物 만물 물 이 들어간 어휘

공부한 날짜   월   일

○ 다음 한자의 뜻과 소리를 따라 써 보세요.

物   만물 물

뜻   소리

○ 다음 낱말을 보고, 그림과 함께 뜻을 생각해 보세요.

건물

세울 건 + 만물 물

물체

만물 물 + 몸 체

재물

재물 재 + 만물 물

미생물

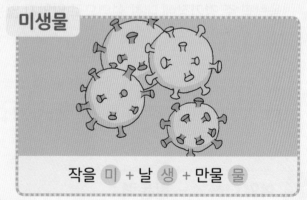

작을 미 + 날 생 + 만물 물

○ 이미 알고 있는 낱말에 ✓표를 하세요.

　건물 　물체 　재물 　미생물

○ 위 낱말 중에서 반복되는 글자를 써 보세요. □

◎ 다음 한자의 뜻을 생각해 보세요.

7급Ⅱ

物

'소 우(牛)'와 '말 물(勿)'이 합해진 글자입니다. 여기서 '勿'은 무언가를 칼로 내리치는 모습을 그린 것이어서 '物'은 소를 잡아 상품화하는 모습으로 해석하기도 하고, '얼룩소'를 의미하기도 했습니다. 그러다가 시간이 흐르며 의미가 확대되어 '제품', '만물'이라는 뜻으로 쓰입니다.

◎ 다음 낱말의 뜻을 알아보고, 빈칸에 알맞은 낱말을 써 보세요.

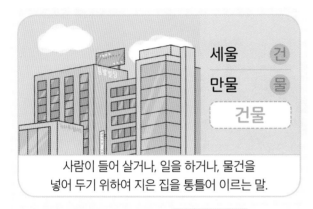

| 세울 | 건 |
| 만물 | 물 |

건물

사람이 들어 살거나, 일을 하거나, 물건을 넣어 두기 위하여 지은 집을 통틀어 이르는 말.

• 학교 옆에 지어진 새 ☐☐ 에 수영장이 들어올 것이다.

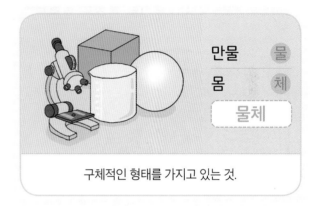

| 만물 | 물 |
| 몸 | 체 |

물체

구체적인 형태를 가지고 있는 것.

• 과학실에 있는 ☐☐ 들은 조심해서 다뤄야 한다.

👉 친절한 샘 물체를 구성하는 본바탕이 되는 재료를 '물질'이라고 합니다.

| 재물 | 재 |
| 만물 | 물 |

재물

돈이나 그 밖의 값나가는 모든 물건.

• 그는 늘 ☐☐ 을 탐내는 욕심 많은 사람이었다.

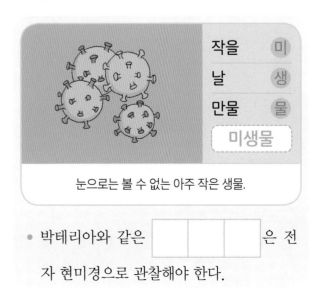

작을	미
날	생
만물	물

미생물

눈으로는 볼 수 없는 아주 작은 생물.

• 박테리아와 같은 ☐☐☐ 은 전자 현미경으로 관찰해야 한다.

物 만물 물

1 다음 설명하는 낱말이 무엇인지 빈칸에 써 보세요.

▶ 241030-0177

1 눈으로는 볼 수 없는 아주 작은 생물.

☐☐☐

2 돈이나 그 밖의 값나가는 모든 물건.

☐☐

2 그림을 보고 빈칸에 들어갈 알맞은 낱말을 써 보세요.

▶ 241030-0178

저 많은 ☐☐ 안에서 사람들은 어떤 일을 하는 걸까?

3 밑줄 친 부분과 관련 있는 낱말에 ○표를 하세요.

▶ 241030-0179

세균이나 박테리아 등은 눈으로는 볼 수 없어서 현미경으로 관찰해야 한다.

1 식물 (   )   **2** 물질 (   )   **3** 미생물 (   )

4 빈칸에 공통으로 들어갈 알맞은 낱말을 써 보세요. (   )

▶ 241030-0180

• 옛날에는 백성들의 ☐☐을 탐하는 나쁜 관리들이 있었다.
• 훌륭한 사람들은 ☐☐을 멀리하고 덕을 가까이한다.
• 도덕보다 ☐☐을 제일로 치는 사람들이 있다.

5~6 다음 글을 읽고, 물음에 답해 보세요.

> 가난한 이웃들을 위해 진료비를 천 원만 받은 의사가 있었습니다. 2020년 별세한 내과 의사 김경희입니다. 그는 어렸을 때부터 의사가 돼 약자를 돕겠다고 생각했습니다. 그래서 국내에서 의과 대학을 졸업하고 일본에 가서 미생물학으로 박사 학위를 받은 후 국내로 돌아와 어려운 지역을 돌며 무료 진료를 했습니다. 그러다가 1984년에 '은명 내과'를 열었습니다. 그는 돈이 없어 치료를 포기하는 사람들이 많다는 것을 알고, 그들이 자존심을 지키며 치료받을 수 있도록 천 원 진료를 시작했습니다. 김경희는 의료 활동뿐 아니라 건물의 한 층을 빌려 무료 급식소를 설치하고 배고픈 이웃들에게 식사를 제공하기도 했으며, 무료 공부방도 열어 형편이 어려운 아이들이 편히 공부하도록 도왔습니다. 의사로서 풍족한 삶을 살 수 있었던 그는 재물보다 인간을 최우선 가치로 삼으며 평생을 살았던 것입니다.

5 '의사 김경희'에 대한 설명으로 알맞지 <u>않은</u> 것은 무엇인가요? (   )   ▶ 241030-0181

① 2020년에 세상을 떠났다.   ② 진료비를 천 원만 받았다.

③ 한국에서 미생물학으로 박사 학위를 받았다.   ④ 밥을 굶는 이웃들에게 무료로 음식을 제공했다.

⑤ 돈이 없는 사람들이 자존심을 다치지 않고 치료받기를 원했다.

6 윗글을 읽고 난 후 한 학생이 쓴 일기의 일부입니다. 빈칸에 들어갈 알맞은 낱말을 써 보세요.   ▶ 241030-0182

> 의사로서 부유하게 살 수 있었음에도 □□ 보다 □□ 을 최우선 가치로 삼고 일생을 헌신한 그분처럼 나도 주변을 돌아보고 어려운 이웃들과 더불어 사는 사람이 되고 싶다.

어휘 더하기 - 등장인물

오를 등 + 마당 장 + 사람 인 + 만물 물

어제 본 영화 어땠어?

등장인물이 너무 많아서 좀 헷갈렸어.

연극, 영화, 소설 따위에 나오는 인물.

이 작품에는 □□□□ 들 간의 갈등이 잘 드러나 있다.

事 일 **사**가 들어간 어휘

○ 다음 한자의 뜻과 소리를 따라 써 보세요.

事   일   사

뜻   소리

○ 다음 낱말을 보고, 그림과 함께 뜻을 생각해 보세요.

식사

먹을 식 + 일 사

사실

지구가 태양을 돈다는 건 과학적 사실이다.

일 사 + 열매 실

행사

다닐 행 + 일 사

백과사전

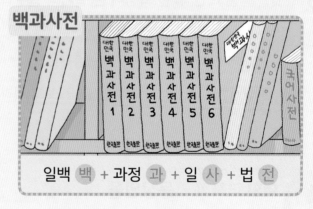

일백 백 + 과정 과 + 일 사 + 법 전

○ 이미 알고 있는 낱말에 ✓표를 하세요.

☐ 식사 ☐ 사실 ☐ 행사 ☐ 백과사전

○ 위 낱말 중에서 반복되는 글자를 써 보세요. ☐

답 사

◎ 다음 한자의 뜻을 생각해 보세요.

事 ^{7급Ⅱ}

옛날 글자를 보면 손에 무언가를 쥐고 있는 모습으로 표현되어 있습니다. 그래서 '일하다'라는 의미를 갖습니다. 여기서 손에 든 것을 '붓'이나 '창'으로 보기도 하고, 손에 풀을 들고 땅에 심고 있는 모습으로 보기도 합니다.

◎ 다음 낱말의 뜻을 알아보고, 빈칸에 알맞은 낱말을 써 보세요.

먹을 식
일 사

식사

끼니로 음식을 먹음. 또는 그 음식.

• 아침 ☐☐ 는 되도록 하는 것이 좋습니다.

👆 친절한 샘 한집에서 함께 살면서 식사를 같이하는 사람을 '먹을 식'에 '입 구'를 더해 '식구'라고 부릅니다.

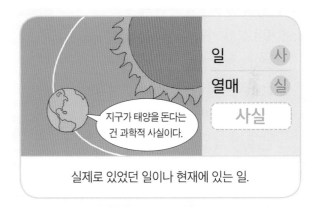

일 사
열매 실

사실

실제로 있었던 일이나 현재에 있는 일.

지구가 태양을 돈다는 건 과학적 사실이다.

• 갈릴레이는 흥미로운 과학적 ☐☐ 을 발견했다.

👆 친절한 샘 사실에 없는 일을 사실처럼 꾸며 만든 것을 '허구'라고 합니다.

다닐 행
일 사

행사

어떤 일을 시행함. 또는 그 일.

• 어린이날 ☐☐ 가 공원에서 열렸다.

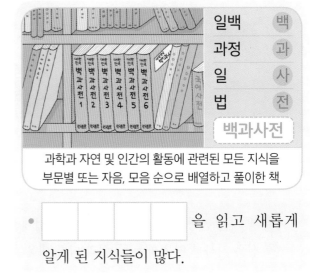

일백 백
과정 과
일 사
법 전

백과사전

과학과 자연 및 인간의 활동에 관련된 모든 지식을 부문별 또는 자음, 모음 순으로 배열하고 풀이한 책.

• ☐☐☐☐ 을 읽고 새롭게 알게 된 지식들이 많다.

事 일 **사**

1 [보기]의 글자들을 조합해 뜻풀이에 해당하는 낱말을 써 보세요. (단, 글자 하나를 두 번 이상 사용할 수 있습니다.) ▶ 241030-0183

보기

행   실   사

1 어떤 일을 시행함. 또는 그 일. (　　　　)

2 실제로 있었던 일이나 현재에 있는 일. (　　　　)

2 빈칸에 들어갈 알맞은 낱말에 ○표를 하세요 ▶ 241030-0184

초대장

저의 생일 파티에 여러분을 초대합니다.
맛있는 저녁 **1** □□와/과
재미있는 **2** □□이/가 준비되어 있으니
초대장을 받은 모든 친구가 모여
재미있게 놀면 좋겠습니다.

1 식사 (　　) **2** 규칙 (　　)

　　손님 (　　) 　　행사 (　　)

　　잔치 (　　) 　　시험 (　　)

3 빈칸에 들어갈 알맞은 낱말을 써 보세요. ▶ 241030-0185

무슨 고민 있어? 표정이 안 좋네.

선생님께서 세계 여러 나라의 전통 의복에 대해 조사해 오라고 하셨는데 어떤 책을 봐야 할지 모르겠어.

인간의 활동에 관련된 모든 지식이 담겨 있는 책이 있지. 바로 □□□□. 학교 도서관에 있어. 같이 가 보자.

4 빈칸에 공통으로 들어갈 글자를 써 보세요. ▶ 241030-0186

1 행□를 진행하시는 분이 분위기를 즐겁게 만들어 주셨다.

2 신문 기사를 읽을 때는 □실과 다른 내용이 없는지 확인해야 한다.

□

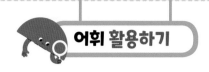
5~6 다음 글을 읽고, 물음에 답해 보세요.

백과사전은 종류와 무관하게 엄청난 두께를 자랑합니다. 그래서 식사할 때 냄비 받침으로 쓰거나 흔들리는 가구의 균형을 잡는 용도로 사용하는 사람도 많습니다. 그러나 백과사전은 인간과 자연의 활동에 관한 세상의 모든 지식이 담긴 놀라운 책입니다.

현재 우리가 사용하는 백과사전 중에 가장 오래된 것은 『브리태니커 백과사전』입니다. 이것은 1768년 스코틀랜드에서 출판된 이후 지금까지 여러 차례 개정 작업을 거쳐서 오늘에 이르고 있습니다.

백과사전에는 다양한 분야의 사실과 의견이 한군데 모여 있으니, 백과사전을 읽으면 지식의 폭이 넓어지고 깊어지는 것을 경험할 수 있습니다. 모든 백과사전은 다채로운 지식을 제공한다는 점에서는 같습니다. 그러나 시대에 따라 다른 목적으로 편찬되기도 했습니다. 정치적 목적으로 개최된 행사의 성과를 부각한 내용들을 포함하기도 했고, 종교적 목적이 두드러진 백과사전도 있었습니다.

5 백과사전에 대한 설명으로 알맞지 않은 것은 무엇인가요? (　　　) ▶ 241030-0187

① 종류에 관계없이 대개 매우 두꺼운 편이다.
② 읽으면 지식의 폭이 깊고 넓어지는 경험을 할 수 있다.
③ 편찬 목적과 방식은 시대나 나라와 관계없이 동일하다.
④ 인간과 자연의 활동에 관한 세상의 지식을 압축한 책이다.
⑤ 『브리태니커 백과사전』은 가장 오랜 역사를 가진 백과사전이다.

6 윗글의 설명을 바탕으로 할 때 백과사전을 읽어야 하는 상황이 아닌 것에 ○표를 하세요.
▶ 241030-0188

1 세계 여러 나라의 전통 의상의 차이를 알고 싶을 때. (　　　)

2 북극 기후의 특징과 서식하는 동물의 종류가 궁금할 때. (　　　)

3 '되다'가 '새로운 신분이나 지위를 갖다.' 외에 어떤 뜻을 갖는지 알고 싶을 때. (　　　)

어휘 더하기 - 사사건건

일 **사** +일 **사** +사건 **건** +사건 **건**

그렇게 하면 안 돼.
이건 좀 이상해.
고개를 좀 들어봐.
똑바로 앉고,

해당되는 모든 일마다. 또는 매사에.

그녀는 모든 일에 [　][　][　][　] 트집을 잡았다.

場 마당 장 이 들어간 어휘

○ 다음 한자의 뜻과 소리를 따라 써 보세요.

마당 / 장

뜻   소리

○ 다음 낱말을 보고, 그림과 함께 뜻을 생각해 보세요.

장소

학교 정문 앞에서 만나자.

약속 장소는 어디로 할까?

마당 장 + 곳 소

등장

오를 등 + 마당 장

당장

감기약을 먹었더니 효과가 당장 나타나네.

마땅 당 + 마당 장

야구장

들 야 + 공 구 + 마당 장

○ 이미 알고 있는 낱말에 ✓표를 하세요.

☐ 장소 ☐ 등장 ☐ 당장 ☐ 야구장

○ 위 낱말 중에서 반복되는 글자를 써 보세요. ☐

어휘 익히기

◎ 다음 한자의 뜻을 생각해 보세요.

場 7급Ⅱ

'흙 토(土)'와 '볕 양(昜)'이 결합된 형태입니다. '昜'은 햇볕이 제단을 비추고 있는 모습으로 '볕'이라는 뜻이 있습니다. 이렇게 햇볕이 내리쬐는 모습을 그린 '昜'에 '土'가 결합한 '場'은 넓은 마당에 햇볕이 내리쬐고 있는 모습을 표현한 것입니다.

◎ 다음 낱말의 뜻을 알아보고, 빈칸에 알맞은 낱말을 써 보세요.

마당 장
곳 소
장소

어떤 일이 이루어지거나 일어나는 곳.

• 우리는 학교 정문 앞을 약속 [ ][ ] 로 정했다.

오를 등
마당 장
등장

1. 무대에 나옴. 2. 어떤 분야에서 새로운 제품이나 인물 등이 세상에 처음으로 나옴.

• 주인공이 [ ][ ] 하자, 모두 박수를 쳤다.

마땅 당
마당 장
당장

일이 일어난 바로 직후의 빠른 시간.

• 약을 먹으라는 아버지의 말을 들었더니 [ ][ ] 열이 내렸다.

들 야
공 구
마당 장
야구장

야구 경기를 위하여 마련된 운동장.

• 새로운 [ ][ ][ ] 에서는 비가 와도 경기를 진행할 수 있다.

👆 **친절한 샘** '당장'과 의미가 비슷한 말로 '즉시'가 있습니다. 이는 '어떤 일이 행하여지는 바로 그때.'를 뜻하며 '곧 즉'과 '때 시'가 결합한 낱말입니다.

1 다음 낱말과 그에 해당하는 뜻풀이를 알맞게 연결해 보세요. 241030-0189

1 장소 •
2 등장 •
3 당장 •
4 야구장 •

• ㉠ 어떤 일이 이루어지거나 일어나는 곳.
• ㉡ 야구 경기를 위하여 마련된 운동장.
• ㉢ 1. 무대에 나옴. 2. 어떤 분야에서 새로운 제품이나 인물 등이 세상에 처음으로 나옴.
• ㉣ 일이 일어난 바로 직후의 빠른 시간.

2 [보기]의 밑줄 친 낱말과 바꾸어 쓸 수 있는 낱말을 써 보세요. 241030-0190

보기

많이 아팠는데 약을 먹고 나니 효과가 <u>즉시</u> 나타났다.

ㄷ	ㅈ

3 빈칸에 공통으로 들어갈 낱말로 알맞은 것은 무엇인가요? (   ) 241030-0191

• 옛날이야기에는 악한 인물이 꼭 ☐☐한다.
• 그는 마치 주인공처럼 마지막에 ☐☐했다.
• 새로 ☐☐한 전기 자동차가 사람들의 눈길을 끌었다.

① 입장   ② 등장   ③ 개발   ④ 퇴장   ⑤ 출장

4 빈칸에 들어갈 알맞은 낱말을 써 보세요. 241030-0192

1 때와 | ㅈ | ㅅ | 에 알맞은 옷차림을 해야 합니다.

2 전설의 투수였던 그의 은퇴 경기를 보기 위해 많은 사람이 | ㅇ | ㄱ | ㅈ | 을 찾았다.

3 새로운 이론의 | ㄷ | ㅈ | 으로 과학계가 술렁이고 있다.

4 먼 미래보다 | ㄷ | ㅈ | 의 일을 잘 처리하는 것이 중요합니다.

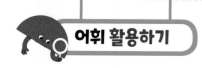
5~6 다음 글을 읽고, 물음에 답해 보세요.

> ㉠"끝날 때까지 끝난 게 아니다."는 어떤 도전이나 경쟁에서 상황이 이미 나빠져서 당장 좌절해 있는 사람들에게 용기를 주어 포기하지 않도록 응원할 때 자주 쓰이는 표현입니다. 이 문구는 뉴욕 양키스의 전설적인 포수였던 요기 베라가 했던 말인데, 그는 1940~60년대 미국 프로 야구팀인 뉴욕 양키스의 황금기를 이끈 대표 선수입니다. 포수로서 팀의 승리에 여러 차례 기여했던 그는 1963년에 선수로 은퇴한 후 이듬해 양키스의 감독으로 다시 야구장에 등장했습니다.
>
> 요기 베라는 훌륭한 선수이자 감독이었지만, 그를 정말 유명하게 만든 것은 그가 했던 말입니다. 그가 감독 시절에 남긴 여러 말은 '요기즘'이라 불리며 여전히 많은 사람의 입에 오르내립니다. '어디로 가고 있는지 모른다면 결국 거기로 가지 못할 것이다.', '기록은 깨질 때까지만 존재한다.' 등이 그가 남긴 명언으로, 다양한 장소에서 힘겨운 시간을 보내고 있는 사람들을 응원하고 있습니다.

5 ㉠과 같은 말로 위로를 전할 수 <u>없는</u> 사람에게 ○표를 하세요.

● 241030-0193

1 이어달리기하는데 달리던 선수가 넘어졌다고 낙심하고 있는 반 친구. (   )

2 축구 경기 종료 10분 전에 응원하던 팀이 2대 1로 뒤지고 있어서 속상해하는 아빠. (   )

3 좋아하는 가수의 콘서트 표를 예매하기 위해 노력했는데 표가 없어서 슬퍼하는 언니. (   )

4 오랫동안 연습한 피아노 연주를 사람들 앞에서 들려주기 전에 긴장하고 있는 동생. (   )

6 '요기 베라'에 대해 이해한 내용으로 알맞지 <u>않은</u> 것은 무엇인가요? (   )

● 241030-0194

① 선수 때는 포수로 활동했다.
② 뉴욕 양키스의 황금기를 이끈 선수였다.
③ 1963년에 야구 선수 생활을 마무리했다.
④ 선수로 활동했던 팀에 감독으로 부임했다.
⑤ 선수 시절에 남긴 말들 덕에 더 유명해졌다.

어휘 더하기 - 아수라장

언덕 아 + 닦을 수 + 벌일 라 + 마당 장

> 완전 아수라장이네.

싸움이나 그 밖의 다른 일로 큰 혼란에 빠진 곳. 또는 그런 상태.

청소를 미뤘더니 방 안이 ☐☐☐☐ 이 되어 있었다.

前 앞 전 이 들어간 어휘

◎ 다음 한자의 뜻과 소리를 따라 써 보세요.

前   앞   전

뜻   소리

◎ 다음 낱말을 보고, 그림과 함께 뜻을 생각해 보세요.

오전

낮 오 + 앞 전

전생

나는 아무래도 전생에 토끼였을 것 같아.

앞 전 + 날 생

전진

무조건 전진!

앞 전 + 나아갈 진

풍전등화

바람 풍 + 앞 전 + 등잔 등 + 불 화

○ 이미 알고 있는 낱말에 ✓표를 하세요.

☐ 오전 ☐ 전생 ☐ 전진 ☐ 풍전등화

○ 위 낱말 중에서 반복되는 글자를 써 보세요.

◎ 다음 한자의 뜻을 생각해 보세요.

7급II

前

고대 중국에서 거북의 등딱지나 짐승의 뼈에 새긴 상형 문자를 보면 '발(止)' 아래에 '배(舟)'가 결합된 형태임을 확인할 수 있습니다. 그래서 '배가 앞으로 가다.'라는 뜻으로 해석됐고, 이후 '앞'이나 '앞서 나가다.'라는 뜻을 갖게 되었습니다.

◎ 다음 낱말의 뜻을 알아보고, 빈칸에 알맞은 낱말을 써 보세요.

낮   오
앞   전

오전

밤 열두 시부터 낮 열두 시까지의 시간.

• 아파서 [ ][ ] 늦게까지 늦잠을 잤더니 오후에 몸이 개운했다.

👉 친절한 샘 '오후'는 '낮 오'와 '뒤 후'가 더해져 만들어진 낱말로 '낮 열두 시부터 밤 열두 시까지의 시간.'을 의미합니다.

나는 아무래도 전생에 토끼였을 것 같아.

앞   전
날   생

전생

이 세상에 태어나기 이전의 생애.

• [ ][ ] 을 믿는 사람들도 있다.

👉 친절한 샘 '전생'과 관련 있는 말로 '현생'이 있습니다. 이는 '지금 살고 있는 생애.'를 뜻하는 낱말입니다.

무조건 전진!

앞   전
나아갈   진

전진

앞으로 나아감.

• 전쟁 중에 군대는 [ ][ ] 과 후퇴를 거듭한다.

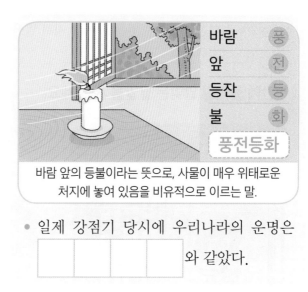

바람   풍
앞   전
등잔   등
불   화

풍전등화

바람 앞의 등불이라는 뜻으로, 사물이 매우 위태로운 처지에 놓여 있음을 비유적으로 이르는 말.

• 일제 강점기 당시에 우리나라의 운명은 [ ][ ][ ][ ] 와 같았다.

1 다음에서 설명하는 낱말을 [보기]에서 찾아 써 보세요. 241030-0195

보기

오전   전생   전진   풍전등화

1 밤 열두 시부터 낮 열두 시까지의 시간. (   )

2 앞으로 나아감. (   )

3 이 세상에 태어나기 이전의 생애. (   )

4 바람 앞의 등불이라는 뜻으로, 사물이 매우 위태로운 처지에 놓여 있음을 비유적으로 이르는 말. (   )

2 밑줄 친 낱말의 뜻과 반대인 낱말을 찾아 ○표를 하세요. 241030-0196

아버지가 다니는 회사는 퇴근이 오후 8시로 좀 늦은 편이다.

1 저녁 (   )   2 오전 (   )   3 새벽 (   )

3 빈칸에 공통으로 들어갈 알맞은 낱말을 써 보세요. ㅈ ㅅ   241030-0197

'(   )에 나라를 구했다.'는 말이 있습니다. 이는 자신이 현재 누리는 좋은 것들이 이전 생에 훌륭한 일을 한 결과라고 믿는 데서 나온 말입니다. (   )이 있다고 믿는 것과 상관없이 현생에 만족하고 있을 때 할 수 있는 말이니 저런 말을 할 수 있는 거겠죠?

4 빈칸에 들어갈 알맞은 낱말을 써 보세요. 241030-0198

촛불을 켜 놓고 있는데 강한 바람이 분다고 생각해 봅시다. 촛불은 꺼질 듯 말 듯 위태로운 상태가 되겠지요. 바람 앞에 있는 촛불처럼 위험한 상황에 놓였을 때 [   ][   ][   ][   ]라고 표현합니다.

5~6 다음 글을 읽고, 물음에 답해 보세요.

> '넉 사, 얼굴 면, 초나라 초, 노래 가'가 결합해 만들어진 '사면초가'는 '아무에게도 도움을 받지 못하는, 외롭고 곤란한 지경에 빠진 형편을 이르는 말.'입니다. '풍전등화'와 의미가 비슷하며, 중국의 역사책인『사기』에 '사면초가'와 관련된 내용이 나옵니다.
>
> 중국 진나라 말에 전국 각지의 영웅들이 서로 다투다가 초나라의 항우와 한나라의 유방이 양대 세력을 형성하며 전생에 원수였던 것처럼 극심하게 대립하게 됩니다. 처음에는 둘의 힘이 비슷했으나 시간이 지나며 항우가 유방에게 완전히 밀리게 됩니다. 결국 항우는 완전히 포위당해 전진도 후퇴도 없는 상황에 부닥치게 됩니다. 그러던 어느 날 밤 항우는 사방에서 들려오는 초나라 노래를 듣게 됩니다. 한나라 군대가 포로로 잡은 초나라 병사들에게 노래를 부르게 한 것이지요. 오전, 오후 가릴 것 없이 들려오는 구슬픈 노래를 들은 초나라 병사들은 고향 생각에 눈물을 흘리며 도망갔고 항우 또한 쓸쓸하게 죽음을 맞이하게 됩니다. 여기에서 '사방이 초나라 노래.'라는 뜻을 가진 '사면초가'라는 말이 유래했습니다.

5 윗글을 읽고 알 수 있는 내용이 <u>아닌</u> 것은 무엇인가요? (   ) ▶ 241030-0199

① 사면초가의 뜻
② 항우가 초나라의 노래를 부른 이유
③ 사면초가와 비슷한 뜻을 가진 사자성어
④ 사면초가의 유래가 수록된 중국의 역사책
⑤ 한나라에 붙잡힌 초나라 포로들이 노래를 부른 이유

6 윗글을 읽고 나눈 대화의 빈칸에 들어갈 알맞은 낱말을 순서대로 써 보세요. (,   ) ▶ 241030-0200

> 선생님: '사면초가'에 대해 설명한 글을 읽고 어떤 생각이 들었나요?
>
> 학생: 초나라 사람들이 부르는 (   )을/를 듣고 항우와 병사들은 완전히 포위됐으니 곧 죽을 것이라는 공포에 시달렸을 것 같습니다. 이러한 '사면초가'의 (   )를 알고 나니 어떤 상황에서 써야 하는 말인지 잘 알겠어요.

어휘 더하기 - 전철

앞 전 + 바큇자국 철

앞에 지나간 수레바퀴의 자국이라는 뜻으로, 이전 사람의 그릇된 일이나 행동의 자취를 이르는 말.

지난번 실수를 [ ][ ] 삼아 이번에는 준비를 철저히 했다.

1 ( ) 안에 적힌 초성을 보고, 알맞은 낱말을 써 보세요. ▶ 241030-0201

1 우리 동아리에 가입하면 실험실에서 다양한 (ㅎㄷ)을 할 수 있습니다. ➡ ( )

2 수영 수업은 (ㅇㅈ)에 한 시간, 오후에 한 시간 진행됩니다. ➡ ( )

3 '고무'라는 물질로 '공'이라는 (ㅁㅊ)를 만들 수 있습니다. ➡ ( )

2 다음 그림과 관련된 낱말을 써 보세요. ▶ 241030-0202

1 우리나라가 금메달을 따서

ㄱ	ㄷ

의 눈물이 났다.

2 세상의 모든 지식은

ㅂ	ㄱ	ㅅ	ㅈ

에 다 있는 것 같아.

3 아빠는

ㅁ	ㅅ	ㅁ

박사이다.

3 [보기]에서 설명하는 글자를 포함하지 <u>않는</u> 문장에 ○표를 하세요. ▶ 241030-0203

> **보기**
>
> 장(場)(마당 장) ➡ '발(止)' 아래에 '배(舟)'가 결합된 형태입니다. 그래서 원래 '배가 앞으로 가다.'라는 뜻을 가졌는데, 이후 '앞'이나 '앞서 나가다.'라는 의미도 갖게 됩니다.

1 <u>야구장</u>에 가면 엄청난 응원의 열기를 느낄 수 있다. ( )

2 우리는 옷을 갈아입고 저녁 약속 <u>장소</u>로 이동했다. ( )

3 규칙적인 운동과 균형 잡힌 식사는 <u>장수</u>를 위한 지름길이다. ( )

4 빈칸에 들어갈 알맞은 낱말을 순서대로 나열한 것에 ○표를 하세요. ▶ 241030-0204

> 방과 후에 운동장에서 동아리들이 모여 □□를 진행할 예정이었으나 미세 먼지가 심해 취소되었습니다. □□의 즐거움보다 모두의 건강이 중요하기 때문에 내린 결정이니 이해해 주시기 바랍니다.

1 행사, 당장 ( ) **2** 놀이, 과거 ( ) **3** 학교, 미래 ( )

어휘 놀이터

정답과 해설 24쪽

◎ 아래 글자를 조합하여 빈칸에 들어갈 알맞은 낱말을 써 보고, 마지막까지 한 번도 사용하지 <u>않은</u> 글자를 조합하여 낱말을 만들어 보세요.

풍	동	충	물	국	동
재	전	대	활	물	건
장	등	민	한	화	등

뜻	낱말			
1. 바람 앞의 등불이라는 뜻으로, 사물이 매우 위태로운 처지에 놓여 있음을 비유적으로 이르는 말.	ㅍ	ㅈ	ㄷ	ㅎ
2. 몸을 움직여 행동함.	ㅎ	ㄷ		
3. 순간적으로 어떤 행동을 하고 싶은 욕구를 느끼게 하는 마음속 자극.	ㅊ	ㄷ		
4. 사람이 들어 살거나 물건을 넣어 두기 위해 지은 집.	ㄱ	ㅁ		
5. 돈이나 그 밖의 값나가는 모든 물건.	ㅈ	ㅁ		
6. 어떤 분야에서 새로운 제품이나 인물 등이 세상에 처음으로 나옴.	ㄷ	ㅈ		
7. 남은 글자로 만든 낱말: ☐ ☐ ☐ ☐				

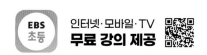

국어 어휘 베스트셀러 시리즈

초등 한자 어휘

4 단계

정답과 해설

초등 3~4학년 권장

한눈에 보는 정답

어휘 다지기 **1** 일
본문 6~7쪽

1 **1** ○
2 **1**-ⓒ **2**-㉠ **3**-ⓒ
3 휴식
4 휴지
5 ①
6 소은

어휘 다지기 **2** 일
본문 10~11쪽

1 ㉣
2 **3** ○
3 **2** ○
4 **3** ○
5 ①, ⑤
6 파라솔을 든 여인

어휘 다지기 **3** 일
본문 14~15쪽

1 **1**-ⓒ **2**-ⓒ **3**-㉠
2 **3** ○
3 **1** × **2** ○ **3** ○
4 어촌
5 ③
6 **1** 촌락 **2** 농촌 **3** 산촌(산지촌)

어휘 다지기 **4** 일
본문 18~19쪽

1 **2** ○
2 **1** ○ **2** ○ **3** ×
3 주요
4 **3** ○
5 지호
6 **3** ○

어휘 다지기 **5** 일
본문 22~23쪽

1 **1** 유명 **2** 소유 **3** 고유
2 **1** ○
3 **3** ×
4 ⑤
5 ⑤
6 **1** ○ **2** × **3** ○

어휘 굳히기 **1** ~ **5** 일
본문 24~25쪽

1 **1**-ⓒ **2**-㉠ **3**-ⓒ
2 **2** ○
3 **1** 휴가 **2** 어촌 **3** 유명
4 **2** ×

[어휘 놀이터]

1 휴식
2 산천초목
3 농촌
4 산간벽촌
5 주인
6 소유
7 주관적

설	지	휴	게	실	질	적	폐	방
사	식	가	인	수	관	군	소	암
농	이	통	간	주	전	만	두	유
어	촌	구	지	장	수	갑	목	비
원	수	벽	원	님	말	초	수	범
선	장	지	간	만	천	원	애	벌
레	생	장	마	산	자	당	연	미

어휘 다지기 ❻ 일
본문 28~29쪽

1 ㉢, ㉣
2 ㉠ 증조부, ㉡ 조부
3 원조
4 ❶ 조상 ❷ 조부
5 ④
6 ❶ ○

어휘 다지기 ❼ 일
본문 32~33쪽

1 ❶-㉠ ❷-㉢ ❸-㉡
2 ❶ ○
3 ❶ 체육 ❷ 양육
4 ㉡, ㉣
5 ❶ 신체 ❷ 능력 ❸ 정서
6 ③

어휘 다지기 ❽ 일
본문 36~37쪽

1 ❶ 표지 ❷ 지폐 ❸ 한지
2 ❶ 백지상태 ❷ 지폐
3 ❶ 한지 ❷ 지폐
4 ③
5 ②
6 규민

어휘 다지기 ❾ 일
본문 40~41쪽

1 ❷ ○
2 ❷ ○
3 ❶-㉢-㉮ ❷-㉡-㉯
4 ③
5 ③
6 ❸ ○

어휘 다지기 ❿ 일
본문 44~45쪽

1 ㉢, ㉣
2 ❷ ×
3 ❶ 당연 ❷ 우연
4 자연
5 안중근
6 ❶-㉢ ❷-㉠ ❸-㉣ ❹-㉡

어휘 굳히기 ❻~❿ 일
본문 46~47쪽

1 ❶ 양육 ❷ 경중 ❸ 우연
2 ❷ ○
3 ❶ 체중 ❷ 체육
4 ❶ 할아버지 조 ❷ 종이 지

[어휘 놀이터]

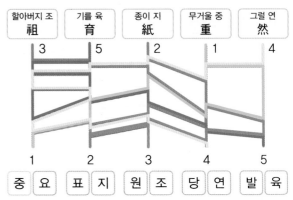

중 요 표 지 원 조 당 연 발 육

[힌트]
1. 귀중하고 요긴함. 예 사람에게 건강은 매우 중 요 하다.
2. 책의 맨 앞뒤의 겉장. 예 표 지 를 보고 읽고 싶은 책을 골랐다.
3. 첫 대의 조상, 어떤 일을 처음으로 시작한 사람. 예 이 동네 원 조 떡볶이집이다.
4. 일의 앞뒤 사정을 놓고 볼 때 마땅히 그러함. 예 부모님께 효도하는 것은 당 연 하다.
5. 생물체가 자라남. 예 초등학생 때는 발 육 이 왕성한 시기이다.

어휘 다지기 ⑪ 일 　　　　　　　　본문 50~51쪽

1 ①　　　　　　　　　　　2 정면
3 ❶ 정반대　❷ 공정　　　4 ②
5 ❸ ○　　　　　　　　　　6 지후

어휘 다지기 ⑫ 일 　　　　　　　　본문 54~55쪽

1 ❶-ⓒ　❷-ⓛ　❸-㉠　2 내각, 직각
3 ❶ ○　　　　　　　　　　4 ❶ 수직　❷ 직사각형
5 ❶ 사각형　❷ 직사각형　6 ⑤

어휘 다지기 ⑬ 일 　　　　　　　　본문 58~59쪽

1 ❶ 평생　❷ 평상시　❸ 평등
2 ❸ ○　　　　　　　　　　3 ❶ 평등　❷ 평화
4 ④　　　　　　　　　　　5 평등
6 ❶ ○

어휘 다지기 ⑭ 일 　　　　　　　　본문 62~63쪽

1 바다 해　　　　　　　　2 다도해
3 ③, ④　　　　　　　　　4 ❷ ○
5 ❶ 서해　❷ 남해　❸ 동해
6 ❶ △

어휘 다지기 ⑮ 일 　　　　　　　　본문 66~67쪽

1 ❶-ⓛ　❷-ⓒ　❸-㉠　2 우화
3 ❶ ○　　　　　　　　　　4 ❶ 대화　❷ 화제
5 ❶ ○　❷ ○　❸ △　　6 소희, 지윤

어휘 굳히기 ⑪~⑮ 일 　　　　　　본문 68~69쪽

1 ❶-ⓛ　❷-㉠　❸-ⓒ
2 ❶ 다도해　❷ 직사각형　❸ 대화
3 ❶ 평화　❷ 화제　　　4 ❸ ○

[어휘 놀이터]
❶-ⓢ　❷-ⓔ　❸-ⓛ　❹-ⓗ　❺-ⓞ　❻-ⓒ
❼-ⓜ　❽-㉠

어휘 다지기 16 일   본문 72~73쪽

1 **1** ○   2 ①
3 **1** 후회   **2** 독후감   4 **1** 후반   **2** 이후
5 **3** ○   6 경아

어휘 굳히기 16~20 일   본문 90~91쪽

01 **1** 등재   **2** 공동   **3** 도래
02 **1** 후반   **2** 본래
03 **1** 가사   **2** 미래   **3** 이후
04 **1** 같을 동   **2** 노래 가

[어휘 놀이터]

110010

어휘 다지기 17 일   본문 76~77쪽

1 **1**-㉠   **2**-㉢   **3**-㉡   2 **1** 가사   **2** 가창
3 ①   4 **1** 가곡   **2** 대중가요
5 ②
6 **1** 가곡   **2** 가창   **3** 화려

어휘 다지기 18 일   본문 80~81쪽

1 **1** 함께   **2** 성질   2 협동
3 ㉡   4 **1** 동질감   **2** 공동
5 향약   6 ㉡, ㉢

어휘 다지기 19 일   본문 84~85쪽

1 **1** 등단   **2** 등록금   **3** 등극
2 **3** ○   3 **2** ○
4 ㉠, ㉡, ㉢   5 **3** ○
6 상윤

어휘 다지기 20 일   본문 88~89쪽

1 **3** ○   2 미래
3 **1** 본래   **2** 상거래   4 ②
5 상거래   6 ③

어휘 다지기 21일
본문 94~95쪽

01 1 -ㄹ 2 -ㄷ 3 -ㄱ 4 -ㄴ
02 순간
03 1 인간 2 실시간 3 간식
04 인간   05 ③
06 디저트, 간편

어휘 다지기 22일
본문 98~99쪽

1 1 ○   2 ⑤
3 공중   4 1 ○
5 ①   6 2 ○

어휘 다지기 23일
본문 102~103쪽

1 기   2 1 ○
3 1 기자 2 신기록   4 암기
5 ①   6 반복, 기호, 설명

어휘 다지기 24일
본문 106~107쪽

1 1 수증기 2 기온 3 기분
2 현기증   3 기온
4 기분   5 ④
6 불쾌지수, 기분

어휘 다지기 25일
본문 110~111쪽

1 1 4 2 1   2 ④
3 2 ○   4 도로
5 ④   6 ㅁ

어휘 굳히기 21~25일
본문 112~113쪽

1 1 기 2 간 3 도 4 공 2 ③
3 1 수증기 2 공중 3 순간
4 1 기호 2 도덕

[어휘 놀이터]

	⁴실				⁵연
	시				대
¹인	간		²항	⁶공	기
		⁷보		책	
³태	권	도			

어휘 다지기 26 일 | 본문 116~117쪽

1 1-㉣ 2-㉢ 3-㉡ 4-㉠
2 1 감동 2 활동 3 충동
3 동   4 운동장, 활동
5 ④, ⑤   6 2 △

어휘 다지기 27 일 | 본문 120~121쪽

1 1 미생물 2 재물   2 건물
3 3 ○   4 재물
5 ③   6 재물, 인간

어휘 다지기 28 일 | 본문 124~125쪽

1 1 행사 2 사실   2 1 식사(○) 2 행사(○)
3 백과사전   4 사
5 ③   6 3 ○

어휘 다지기 29 일 | 본문 128~129쪽

1 1-㉠ 2-㉢ 3-㉣ 4-㉡
2 당장   3 ②
4 1 장소 2 야구장 3 등장 4 당장
5 4 ○   6 ⑤

어휘 다지기 30 일 | 본문 132~133쪽

1 1 오전 2 전진 3 전생 4 풍전등화
2 2 ○   3 전생
4 풍전등화   5 ②
6 노래, 유래

어휘 굳히기 26~30 일 | 본문 134~135쪽

1 1 활동 2 오전 3 물체
2 1 감동 2 백과사전 3 미생물
3 3 ○   4 1 ○

[어휘 놀이터]
1 풍전등화 2 활동 3 충동 4 건물 5 재물
6 등장 7 대한민국

정답과 해설

1 **1** ○	2 **1**-ⓒ **2**-㉠ **3**-ⓛ
3 휴식	4 휴지
5 ①	6 소은

1 '휴가, 휴식, 휴지'의 '휴'는 '쉴 휴(休)'로 '쉬다'라는 의미입니다.

2 '휴가'는 '직장·학교·군대 따위의 단체에서, 일정한 기간 동안 쉬는 일. 또는 그런 겨를.'을 의미하고, '휴지'는 '쓸모없는 종이.'를, '휴게소'는 '길을 가는 사람들이 잠깐 동안 머물러 쉴 수 있도록 마련하여 놓은 장소.'를 의미합니다.

3 대화의 내용을 살펴보면, 공부를 열심히 하는 친구들이 잠시 '휴식'하려고 하는 것을 알 수 있습니다. '휴식'은 '하던 일을 멈추고 잠깐 쉼.'을 의미합니다.

4 코를 풀고 더러운 것을 닦는 것은 '휴지'이며, 이것을 함부로 버리지 말아야 합니다.

5 이 글은 여름 방학을 맞이하여 휴가를 가는 길에 들른 휴게소에서 일어난 일을 쓴 글입니다. 글쓴이는 휴게소에 쓰레기와 휴지들이 함부로 버려져 있는 모습을 보았습니다.

6 글쓴이는 서로 기분 좋은 시간이 되도록 상대를 배려하는 마음으로 휴게소를 이용하면 좋겠다고 하였으므로 글쓴이와 의견이 같은 친구는 '소은'입니다. '민재'의 '쓰레기통을 없애 버리는 게 좋겠어.'라는 의견은 이 글의 내용에서 찾을 수 없습니다.

1 ㉣	2 **3** ○
3 **2** ○	4 **3** ○
5 ①, ⑤	6 파라솔을 든 여인

1 '산천초목'은 '산과 내와 풀과 나무.'라는 뜻이므로, 낱말과 뜻이 알맞게 묶인 것은 ㉣입니다. '초원'은 '풀이 나 있는 들판.'의 뜻이고, '초록'은 '파랑과 노랑의 중간색.'을 말하며, '초창기'는 '어떤 사업을 일으켜 처음으로 시작하는 시기.'라는 뜻입니다.

2 '물감'과 '색깔', '파랑과 노랑의 중간'이라는 내용을 보면 '초록'을 연상할 수 있습니다.

3 '산천초목'은 '산과 내와 풀과 나무.'라는 뜻으로, '자연'을 나타냅니다.

4 '초등학교'는 처음 가는 학교이고, '초성'은 첫소리 자음입니다. 이 둘의 '초'는 '처음 초(初)'입니다.

5 모네는 인상주의 화가이고, 그의 대표작인 〈수련〉은 많은 사람에게 사랑받고 있습니다. 모네는 초원을 좋아하여 초원을 많이 그렸고, 초원을 표현할 때 초록색만 사용한 것이 아니라 여러 가지 색을 사용하여 빛의 인상을 강조했습니다. 모네의 그림에 대해 초창기에는 사람들이 낯설어하고 이해하지 못했지만, 시간이 흐르면서 좋은 평가를 받았습니다.

6 모네는 〈파라솔을 든 여인〉에서 아내 카미유를 그렸습니다.

어휘 다지기 ③ 일 본문 14~15쪽

1 **1**–ⓒ **2**–ⓛ **3**–㉠
2 **3** ○   3 **1** × **2** ○ **3** ○
4 어촌   5 ③
6 **1** 촌락 **2** 농촌 **3** 산촌(산지촌)

1 '농촌'은 '주민의 대부분이 농업에 종사하는 마을이나 지역.'을 뜻하고, '어촌'은 '어민들이 모여 사는 바닷가 마을.'을 의미합니다. '산촌'은 '산속에 있는 마을.'을 뜻합니다.

2 '농촌, 산촌, 어촌, 산간벽촌'의 '촌'은 공통으로 '마을'을 뜻합니다.

3 '삼촌'의 뜻은 아버지의 형제이므로 '삼촌'의 '촌'은 마을을 의미하지 않습니다. '농촌'은 농업에 종사하는 마을을 의미하므로 '농촌'의 '촌'은 '마을'을 뜻하며, '촌사람'은 농촌, 어촌, 산촌과 같이 시골에 사는 사람을 말하므로 '촌사람'의 '촌'도 마을을 뜻합니다.

4 집 앞에 바다가 있고, 아빠가 배를 타고 고기를 잡는 일을 하는 것으로 보아 왼쪽 친구는 어촌에서 사는 것을 알 수 있습니다.

5 촌락마다 생활 모습과 하는 일이 다른 까닭은 주변의 자연환경을 이용하여 살아가기 때문입니다.

6 이 글은 우리나라의 촌락을 설명하고 있습니다. 1문단에서 우리나라의 촌락에는 농촌, 어촌, 산촌이 있다고 하였고, 2문단에서 농촌을, 3문단에서 어촌을, 4문단에서 산촌(산지촌)을 설명하고 있습니다. 여기서 농촌과 어촌과 산촌은 촌락의 종류이므로 촌락이 상위 개념이고 농촌, 어촌, 산촌은 하위 개념입니다. 그러므로 **1**에는 '촌락'이 들어가고, **2**에는 '농촌', **3**에는 '산촌(산지촌)'이 들어갑니다.

어휘 다지기 ④ 일 본문 18~19쪽

1 **2** ○   2 **1** ○ **2** ○ **3** ×
3 주요   4 **3** ○
5 지호   6 **3** ○

1 '주요, 주장, 주관적'의 '주'는 모두 '주인 주(主)'로, '주인'을 의미합니다.

2 '주인'은 '대상이나 물건 따위를 소유한 사람.'을 의미하고, '주장'은 '자기의 의견이나 주의를 굳게 내세움.'을 의미하므로 낱말과 그 설명이 알맞습니다. 그러나 '주관적'은 다른 사람의 견해나 관점이 아니라 자기의 견해나 관점을 기초로 하는 것이므로, 낱말에 대한 설명이 알맞지 않습니다.

3 '올해의 사건'과 '원인', '등장인물'의 앞에는 주되고 중요함을 뜻하는 낱말인 '주요'를 공통으로 쓸 수 있습니다. [보기]에 있는 '주인'과 '주장'은 빈칸에 어울리지 않는 낱말입니다.

4 '주요-중대', '주인-소유자'는 비슷한 뜻인 낱말입니다. 반면 '주관적'은 자신의 견해를, '객관적'은 제삼자의 견해를 기초로 하므로 뜻이 반대인 낱말입니다.

5 ㉠의 토론 주제에 대하여 규태와 우진이는 동물원의 필요성을 말하고 있으므로 '동물원을 유지해야 한다.'라는 토론 주제에 찬성하고 있습니다. 그러나 지호는 동물원의 동물들이 열악한 사육 환경에서 불쌍하게 살고 있다고 하였으므로 토론 주제에 반대하고 있습니다.

6 이 글에서는 토론을 할 때 주관적인 자신의 입장이 옳다고 주장하기보다는 타당한 근거를 들어 자신의 의견이 옳음을 밝혀야 한다고 했습니다. 토론은 서로 다른 주장을 가진 상대방을 설득하는 말하기이므로 토론을 할 때는 다른 주장을 가진 주제를 선택해야 합니다.

어휘 다지기 **5**일 본문 22~23쪽

1 **1** 유명 **2** 소유 **3** 고유
2 **1** ○   3 **3** ×
4 ⑤   5 ⑤
6 **1** ○ **2** × **3** ○

1 '이름이 널리 알려져 있음.'은 '유명'을 뜻하고, '가지고 있음. 또는 그 물건.'은 '소유'를 뜻합니다. '본래부터 가지고 있는 특유한 것.'은 '고유'를 뜻합니다.

2 '유구무언'은 '입은 있어도 말은 없다는 뜻으로, 변명할 말이 없거나 변명을 못함을 이르는 말.'입니다. 이 말은 **1**과 같이 잘못한 일에 변명하지 못하는 아들의 상황에서 쓸 수 있습니다.

3 '우리 동네에는 유명한 화가가 살고 있어.'의 '유명한'은 '이름 있는' 또는 '이름이 널리 알려진'과 바꾸어 쓸 수 있습니다.

4 '고유'의 '유'는 '있을 유(有)'이고 '있다'라는 뜻이며, '소유'의 '유'와 같은 글자입니다. 그러나 '올리브유'의 '유'는 '기름 유(油)'입니다. '유치원'과 '유아 교육'의 '유'는 '어릴 유(幼)', '유행'의 '유'는 '흐를 유(流)'입니다.

5 이 글에서 독도는 생태 환경으로 중요할 뿐만 아니라 군사적으로 중요한 위치라고 하였습니다.

6 1904년 러일 전쟁 때 독도가 일본의 소유라는 일본의 주장은 일본이 독도를 자기 땅이라고 하는 내용이므로 독도가 우리 땅이라는 증거가 될 수 없습니다. 독도가 우리 땅이라는 증거는 안용복이 울릉도, 독도가 우리 영토임을 확인받은 문서와, 울릉도와 독도를 조선의 소유라고 일본이 직접 그린 지도『삼국접양지도』에서 찾을 수 있습니다.

어휘 굳히기 **1**~**5**일 본문 24~25쪽

1 **1**-ⓒ **2**-㉠ **3**-ⓒ
2 **2** ○
3 **1** 휴가 **2** 어촌 **3** 유명
4 **2** ×

[어휘 놀이터]

1 휴식   2 산천초목
3 농촌   4 산간벽촌
5 주인   6 소유
7 주관적

설	지	휴	게	실	질	적	폐	방
사	식	가	인	수	관	군	소	암
농	이	통	간	주	전	만	두	유
어	촌	구	지	장	수	갑	목	비
원	수	벽	원	님	말	초	수	범
선	장	지	간	만	천	원	애	벌
레	생	장	마	산	자	당	연	미

1 '초원'은 '풀이 나 있는 들판.'을 뜻하고, '휴지'는 '쓸모없는 종이.'를 뜻하며, '고유'는 '본래부터 가지고 있는 특유한 것.'을 뜻합니다.

2 입은 있지만 말을 할 수 없다는 뜻과 변명할 수 없다는 내용은 '유구무언'을 떠올릴 수 있습니다.

3 앞뒤의 내용으로 보아 **1**에는 여름휴가의 '휴가'가, **2**에는 바다 근처이므로 '어촌'이 어울립니다. **3**에는 '유명한 물총 놀이 축제'라는 말이 되어야 하므로 '유명'이 들어갈 수 있습니다.

4 '산간벽촌'은 구석지고 후미진 산골의 마을이므로 넓은 논이 펼쳐져 있는 것과는 거리가 있습니다.

어휘 다지기 **6**일　본문 28~29쪽

1 ©, ②	2 ⊙ 증조부, © 조부
3 원조	4 **1** 조상 **2** 조부
5 ④	6 **1** ○

1 '원조'는 '첫 대의 조상. 어떤 일을 처음으로 시작한 사람.'을 말하고 '증조부'는 '아버지의 할아버지. 또는 할아버지의 아버지를 이르는 말.'이므로 이 두 낱말은 뜻이 알맞게 묶였습니다. 그러나 '조상'은 '돌아간 어버이 위로 대대의 어른.'을 의미하고, '조부'는 '부모의 아버지를 이르는 말.'입니다.

2 그림에서 '나'를 기준으로 ©은 '할아버지', 즉 '조부' 이고, ⊙은 '증조할아버지', 즉 '증조부'입니다.

3 대화의 내용에서 '이 거리에서 처음으로 족발 가게를 시작했지요.'라고 했으므로 빈칸에 들어갈 알맞은 말은 '원조'입니다.

4 단군왕검은 우리의 '조상'입니다. 아버지와 함께 일을 하시는 분은 '조부'입니다. '조상'은 이미 돌아가신 분입니다.

5 이 글에서는 오늘날 떡볶이가 간식이 아닌 새로운 요리로 성장하고 있다고 하였습니다.

6 이 글은 떡볶이의 역사를 설명하고 있습니다. 조선 시대는 궁중떡볶이, 1950년대 이후는 빨간 떡볶이, 오늘날은 여러 재료를 혼합한 새로운 떡볶이로 발전하고 있습니다.

어휘 다지기 **7**일　본문 32~33쪽

1 **1**-⊙ **2**-© **3**-©	2 **1** ○
3 **1** 체육 **2** 양육	4 ©, ②
5 **1** 신체 **2** 능력 **3** 정서	6 ③

1 '아이를 보살펴서 자라게 함.'은 '양육'이고, '교원으로서 교육에 종사하는 사람.'은 '교육자'입니다. 또 '일정한 운동 따위를 통하여 신체를 튼튼하게 단련시키는 일.'은 '체육'입니다.

2 제시된 그림은 키가 자라는 아이의 모습을 나타내고 있습니다. 이렇게 생물체가 자라나는 것은 '발육'과 관계있습니다.

3 '체육' 시간에 피구를 할 수 있으며, 부모님은 나를 '양육'해 주시는 분입니다.

4 '체육'과 '교육'의 '육'은 '기르다'라는 의미의 '기를 육(育)'입니다. 그러나 '육상 대회'의 '육'은 '땅'을 뜻하는 '뭍 육(陸)'이고, '육개장'의 '육'은 '고기'를 뜻하는 '고기 육(肉)'입니다.

5 이 글은 체육의 좋은 점을 말하고 있습니다. 첫째, 신체 발육이 활발해지고, 둘째, 학습 능력이 향상되며, 셋째, 정서를 조절하는 데 도움이 된다고 하였습니다.

6 ⊙의 앞에서는 보호 장구 착용과 교육자의 감독하에 활동할 것을 이야기하고 있고, 뒤에서는 다친다면 체육 활동의 장점을 누리지 못한다고 이야기하고 있습니다. 이러한 앞뒤의 내용으로 보아 '안전'을 말하는 것임을 알 수 있습니다.

어휘 다지기 8 일   본문 36~37쪽

1 1 표지 2 지폐 3 한지
2 1 백지상태 2 지폐 3 1 한지 2 지폐
4 ③   5 ②
6 규민

1 '책의 맨 앞뒤의 겉장.'은 '표지'를 말하고, '종이에 인쇄를 하여 만든 화폐.'는 '지폐'이며, '우리나라 고유의 제조법으로 만든 종이.'는 '한지'입니다.

2 아무것도 그려지지 않은 종이는 '백지상태'이고, 종이로 만든 돈은 '지폐'입니다.

3 닥나무 껍질로 만든 우리나라 종이는 '한지'이고, 아버지가 지갑에서 꺼내 용돈으로 주신 것은 '지폐'입니다.

4 '휴지, 표지, 지폐, 편지지'의 '지'는 모두 종이를 나타낸 '종이 지(紙)'입니다. 그러나 '지구'의 '지'는 땅을 나타내는 '땅 지(地)'입니다.

5 한지는 조직이 치밀하고 질기므로 잘 찢어지지 않습니다.

6 한지는 규민이의 말처럼 액세서리나 문구류를 만들어서 기념품으로도 쓰이고 있습니다. 한지는 오늘날에도 쓰이며, 글을 쓰거나 그림을 그릴 때뿐만 아니라 생활용품을 만드는 데에도 쓰입니다.

어휘 다지기 9 일   본문 40~41쪽

1 2 ○   2 2 ○
3 1-ⓒ-㉮ 2-ⓛ-ⓑ
4 ③   5 ③
6 3 ○

1 '경중, 중요, 체중, 애지중지'의 '중'은 모두 '무거울 중(重)'을 사용합니다.

2 '경중'은 '가벼움과 무거움. 또는 가볍고 무거운 정도.'의 의미로 쓰입니다. '가벼울 경'과 '무거울 중'으로 이루어진 낱말로, 뜻이 반대되는 글자가 한 낱말 안에 쓰이고 있습니다.

3 1의 '매우 사랑하고 소중히 여기는 모양.'은 '애지중지'의 뜻으로, 강아지를 쓰다듬고 먹이를 주는 그림과 관계가 있습니다. 2의 '가벼움과 무거움. 또는 가볍고 무거운 정도.'는 '경중'의 뜻이며, 왼손에는 가벼운 물건, 오른손에는 무거운 물건을 들고 비교하는 사람의 모습과 관련이 있습니다.

4 '중력, 체중, 귀중, 중요'의 '중'은 '무겁다'의 의미인 '무거울 중(重)'을 사용합니다. 그러나 '중간'의 '중'은 '가운데'를 뜻하는 '가운데 중(中)'을 사용합니다.

5 지나친 의존이나 중독에 빠지는 것은 스마트폰의 좋은 점이라고 볼 수 없습니다.

6 ㉠에 들어갈 내용을 짐작할 때는 앞뒤의 내용을 살펴야 합니다. 앞에서는 스마트폰의 장점과 단점을 말하고 있고, 뒤에서는 '스마트폰 사용에 있어서 경중을 따져 현명하게 활용하고, 필요한 시간과 장소에서 적절하게 사용하는 것이 중요합니다.'라고 말하고 있습니다. 이것으로 보아 ㉠에 들어갈 내용은 스마트폰의 적절한 사용과 관리가 필요하다는 것임을 짐작할 수 있습니다.

어휘 다지기 ⑩일   본문 44~45쪽

1 ㉢, ㉣   2 ② ✕
3 ① 당연 ② 우연   4 자연
5 안중근
6 ①-㉢ ②-㉠ ③-㉣ ④-㉡

1 '태연자약'은 '마음에 어떠한 충동을 받아도 움직임이 없이 천연스러움.'을 의미하고, '자연'은 '사람의 힘이 더해지지 아니하고 세상에 스스로 존재하거나 우주에 저절로 이루어지는 모든 존재나 상태.'를 의미하므로, 이 둘의 낱말은 뜻과 알맞게 묶여 있습니다. 그러나 '당연'과 '우연'은 낱말의 뜻이 서로 바뀌어 있습니다.

2 '자연'과 '태연자약'은 '그러하다'의 의미로 '그럴 연(然)'을 사용하고 있습니다. 그러나 '연령'의 '연'은 '나이'를 의미하는 '해 년(年)'을 사용하고 있습니다.

3 날씨가 더워질수록 '당연'하게 옷이 얇아지고, 계획에 없었던 일이 '우연'히 일어난다고 할 수 있습니다.

4 사람의 힘이 더해지지 아니하고 저절로 생겨난 존재이자, 산천초목과 관계있는 말은 '자연'입니다.

5 이 글은 일제 강점기의 대표적인 독립운동가인 '안중근'에 대한 이야기입니다.

6 1905년에는 을사늑약이, 1907년에는 한일 신협약이 이루어졌습니다. 1909년에 이토 히로부미가 사망하였고, 1910년에 안중근이 사형을 당했습니다.

어휘 굳히기 ⑥~⑩일   본문 46~47쪽

1 ① 양육 ② 경중 ③ 우연
2 ② ○
3 ① 체중 ② 체육
4 ① 할아버지 조 ② 종이 지

[어휘 놀이터]

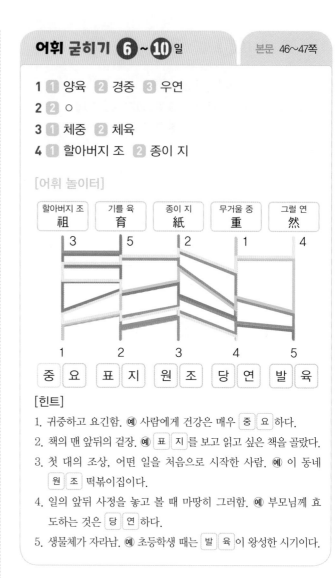

할아버지 조	기를 육	종이 지	무거울 중	그럴 연
祖	育	紙	重	然
3	5	2	1	4
1	2	3	4	5
중 요	표 지	원 조	당 연	발 육

[힌트]
1. 귀중하고 요긴함. 예 사람에게 건강은 매우 중 요 하다.
2. 책의 맨 앞뒤의 겉장. 예 표 지 를 보고 읽고 싶은 책을 골랐다.
3. 첫 대의 조상. 어떤 일을 처음으로 시작한 사람. 예 이 동네 원 조 떡볶이집이다.
4. 일의 앞뒤 사정을 놓고 볼 때 마땅히 그러함. 예 부모님께 효도하는 것은 당 연 하다.
5. 생물체가 자라남. 예 초등학생 때는 발 육 이 왕성한 시기이다.

1 '아이를 보살펴서 자라게 함.'은 '양육'의 뜻이고, '가벼움과 무거움. 또는 가볍고 무거운 정도.'는 '경중'의 뜻입니다. '아무런 인과 관계가 없이 뜻하지 아니하게 일어난 일.'은 '우연'의 뜻입니다.

2 그림에서 여자아이는 예쁜 인형이 달린 볼펜을 애지중지 아끼고 있습니다.

3 왼쪽의 친구는 비만이 될 것 같다고 '체중'이 느는 것을 걱정하고 있습니다. 다른 친구는 '체육' 시간에 열심히 뛸 것을 권유하고 있습니다.

4 '조부, 조상, 원조, 증조부'에는 '할아버지 조'가 공통으로 들어갔고, '지폐, 표지, 한지, 백지상태'에는 '종이 지'가 공통으로 들어갔습니다.

어휘 다지기 11 일

본문 50~51쪽

1 ① 2 정면
3 1 정반대 2 공정 4 ②
5 3 ○ 6 지후

1 '정반대(正反對)'와 '공정(公正)'에는 모두 '바를 정(正)'이 쓰입니다.

2 '정면'은 '1. 똑바로 마주 보이는 면. 2. 사물에서, 앞쪽으로 향한 면. 3. 에두르지 아니하고 직접 마주 대함.'의 뜻을 가지며, 첫 번째 문장은 3번 풀이에 해당하고, 두 번째 문장은 1번 풀이에 해당합니다.

3 1 은 '엉뚱하게도', '예상과 다르게'라는 표현으로 미루어 보아 빈칸에 '완전히 반대되는 것.'을 나타내는 '정반대'가 들어가는 것이 알맞음을 알 수 있습니다. 2 는 '한쪽 편에 치우침 없이'라는 표현에서 공정을 설명하고 있으므로, 빈칸에 들어갈 알맞은 낱말은 '공정'입니다.

4 '진리에 맞는 올바른 도리.'를 뜻하는 낱말은 '정의'입니다.

5 로자 파크스가 맞닥뜨린 상황은 버스에 백인이 앉을 자리가 부족해지자, 흑인의 자리를 백인의 자리로 바꾸고 일방적으로 흑인에게 일어나라고 강요하는 것이었습니다. 흑인이라는 이유로 백인에게 자리를 양보하는 것은 부당하기에 로자 파크스는 ㉠과 같이 말하며 일어나지 않았던 것입니다.

6 로자 파크스가 체포된 까닭은 버스에서 백인에게 자리를 양보하지 않았기 때문이므로 '홍재'의 말은 알맞지 않습니다.

어휘 다지기 12 일

본문 54~55쪽

1 1-ⓒ 2-ⓛ 3-㉠ 2 내각, 직각
3 1 ○ 4 1 수직 2 직사각형
5 1 사각형 2 직사각형 6 ⑤

1 '직각'은 '두 직선이 만나서 이루는 90도의 각.', '수직'은 '1. 똑바로 드리우는 상태. 2. 직선과 직선, 직선과 평면, 평면과 평면 따위가 서로 만나 직각을 이루는 상태.', '직접'은 '1. 중간에 거치는 것이 없이 바로 연결되는 관계. 2. 중간에 아무것도 개입된 것 없이 바로.'의 의미입니다.

2 '직사각형'은 '내각이 모두 직각인 사각형.'을 가리키는 낱말입니다.

3 1 은 공이 똑바로 떨어지는 상태를 묘사하는 문장이므로 '직접'보다는 '수직'이 어울립니다.

4 1 은 폭포의 물줄기가 떨어진 상황을 묘사하고 있으므로 빈칸에 들어갈 알맞은 낱말은 '똑바로 드리우는 상태.'를 나타내는 '수직'입니다. 2 는 정사각형도 '내각의 크기가 모두 직각'이므로 직사각형에 포함될 수 있다는 설명입니다. 빈칸에 들어갈 알맞은 낱말은 '직사각형'입니다.

5 1문단에서는 사각형의 종류에 마름모, 직사각형, 정사각형, 사다리꼴, 평행사변형이 있다고 설명하고 있으며, 2문단에서는 직사각형의 특징을 1) 네 각의 크기가 모두 직각이어야 함, 2) 마주 보는 두 변의 길이가 같음, 3) 일상생활의 물건에도 직사각형이 많이 있음으로 나누어 설명하고 있습니다.

6 ⑤는 네 각이 직각이 아니고 네 변의 길이가 같지 않으므로 정사각형이 아닌 '사각형'입니다.

어휘 다지기 13일
본문 58~59쪽

1 ① 평생 ② 평상시 ③ 평등
2 ③ ○ 3 ① 평등 ② 평화
4 ④ 5 평등
6 ① ○

1 '평생'은 '세상에 태어나서 죽을 때까지의 동안.', '평상시'는 '특별한 일이 없는 보통 때.', '평등'은 '권리, 의무, 자격 등이 차별 없이 고르고 한결같음.'의 의미입니다.

2 '평상시'는 '특별한 일이 없는 보통 때.'를 뜻하는 낱말로, 첫 번째 문장은 '늘 과묵했던 진호가' 평소와 다른 행동을 보였다는 문장이며, 두 번째 문장은 친구에게 평소에 잘 대해 주어야 친구도 나를 잘 대해 줄 것이라는 의미이므로 빈칸에 들어갈 낱말은 '평상시'가 알맞습니다.

3 ①에서는 '차별 없이' 대신에 '권리, 의무, 자격 등이 차별 없이 고르고 한결같음.'을 뜻하는 '평등하게'가 적절하며, ②에서는 '갈등을 겪지 않고' 대신에 '전쟁, 분쟁 또는 갈등이 없이 평온함. 또는 그런 상태.'를 나타내는 '평화롭게'가 적절합니다.

4 제시된 문장은 할아버지께서 살아 계시는 동안에 고생을 많이 하셨다는 의미이므로, 빈칸에 들어갈 알맞은 낱말은 '평생'입니다.

5 1문단 네 번째 문장의 '민주주의 사회는 시민 각자의 자유와 평등을 중요하게 여깁니다.'에서 알 수 있습니다.

6 ② 선거를 통해서 뽑는 대표는 이 글에서는 대통령과 국회 의원을 예로 들고 있습니다. 대법관과 판사는 선거로 뽑지 않고 임명됩니다. ③ 선거에서 뽑힌 대표들은 임기가 정해져 있으므로 평생 계속할 수는 없습니다.

어휘 다지기 14일
본문 62~63쪽

1 바다 해 2 다도해
3 ③, ④ 4 ② ○
5 ① 서해 ② 남해 ③ 동해
6 ① △

1 '해안', '다도해', '해양'에 공통으로 쓰인 한자는 '바다 해(海)'입니다.

2 그림은 섬이 많은 바다를 나타내고 있으므로 빈칸에 들어갈 알맞은 낱말은 '많은 섬이 흩어져서 있는 바다 구역.'을 나타내는 '다도해'입니다.

3 ③ '해충'의 '해'는 '해로울 해(害)'입니다. '해충'은 '인간의 생활에 해를 끼치는 벌레를 통틀어 이르는 말.'입니다. ④ '이해'의 '해'는 '풀이할 해(解)'입니다. '이해'는 '사리를 분별하여 해석함, 깨달아 앎, 남의 사정을 잘 헤아려 너그러이 받아들임.'이라는 뜻입니다.

4 빈칸에 공통으로 들어갈 낱말은 '해안'이 알맞습니다. '서해안, 남해안, 동해안, 해안선' 등의 단어를 일상생활에서 많이 접할 수 있습니다.

5 두 번째 문장에서 '우리나라의 왼쪽은 서해, 오른쪽은 동해, 아래쪽은 남해라고 부릅니다.'라고 했는데, 이를 통해 서해, 남해, 동해의 위치를 알 수 있습니다.

6 ① 동해는 해안선이 남북으로 길게 뻗어 단조롭습니다. 해안선이 들쭉날쭉하고 복잡한 바다는 서해입니다.

어휘 다지기 15일

1 **1**-ⓒ **2**-ⓓ **3**-ⓐ 2 우화
3 **1** ○   4 **1** 대화 **2** 화제
5 **1** ○ **2** ○ **3** △ 6 소희, 지윤

---

1 '우화'는 '동식물이나 기타 사물을 사람처럼 표현하여 그들의 행동 속에 풍자와 교훈의 뜻을 나타내는 이야기.', '대화'는 '마주 대하여 이야기를 주고받음, 또는 그 이야기.', '화제'는 '1. 이야기의 제목. 2. 이야기할 만한 재료나 소재.'의 의미입니다.

2 그림은 여우와 두루미가 마치 사람처럼 식탁에 앉아 식기에 음식을 담아서 먹는 장면을 보여 주고 있으므로 '우화'의 한 장면임을 알 수 있습니다.

3 **1**의 '화재'에서 '화'는 '불 화(火)'입니다.

4 **1**은 '어색한 분위기', '이어 나갔다'라는 표현을 통해서 서로 이야기를 나누고 있는 상황임을 짐작할 수 있습니다. 빈칸에 들어갈 낱말은 '마주 대하여 이야기를 주고받음. 또는 그 이야기.'의 뜻인 '대화'가 알맞습니다. **2**는 희철이의 행동이 교실에서 대화의 소재가 되었다는 내용이므로 빈칸에 들어갈 낱말은 '이야기할 만한 재료나 소재.'의 뜻인 '화제'가 알맞습니다.

5 **3** 이솝 우화는 우화 중에서 대중에게 가장 널리 알려져 있습니다. 1문단의 두 번째 문장에서 '유명한 이야기'라는 말을 하고 있습니다.

6 『북풍과 태양』 이야기의 태양은 나그네로 하여금 스스로 옷을 벗게 만들고 있어 '부드러운 설득'을 상징하고 있습니다. '예담'의 말에서 '사람을 약하게 만들고 게으르게 만드는 강함을'이라는 표현은 잘못 이해한 것입니다.

어휘 굳히기 11~15일

1 **1**-ⓒ **2**-ⓐ **3**-ⓑ
2 **1** 다도해 **2** 직사각형 **3** 대화
3 **1** 평화 **2** 화제   4 **3** ○

[어휘 놀이터]
1-Ⓐ **2**-Ⓓ **3**-Ⓑ **4**-Ⓕ **5**-Ⓖ **6**-Ⓒ
7-Ⓔ **8**-Ⓖ

---

1 '1. 똑바로 마주 보이는 면. 2. 사물에서, 앞쪽으로 향한 면. 3. 에두르지 아니하고 직접 마주 대함.'은 '정면'의 뜻이고, '권리, 의무, 자격 등이 차별 없이 고르고 한결같음.'은 '평등'의 뜻이며, '동식물이나 기타 사물을 사람처럼 표현하여 그들의 행동 속에 풍자와 교훈의 뜻을 나타내는 이야기.'는 '우화'의 뜻입니다.

2 **1**은 텔레비전 화면 안에 섬이 많은 바다를 보여 주고 있으므로 '다도해'입니다. **2** 텔레비전은 '직사각형' 모양을 하고 있습니다. **3** 두 사람이 마주보고 '대화'를 나누고 있습니다.

3 **1**은 전쟁이 없는 시대가 오기를 바란다는 문장이므로 '전쟁, 분쟁 또는 갈등이 없이 평온함.'을 뜻하는 '평화'가 빈칸에 어울립니다. **2**는 친구와 한참 이야기한 대화의 소재가 초등학교 1학년 때 담임 선생님임을 나타내는 문장이므로, 빈칸에는 '이야기할 만한 재료나 소재.'를 나타내는 '화제'가 들어가는 것이 알맞습니다.

4 '평생', '평상시'에는 공통으로 '평평할 평(平)'이 쓰입니다. **3**의 '평판'에서 '평'은 평가한다는 뜻인 '평할 평(評)'입니다.

어휘 다지기 16 일 본문 72~73쪽

1 [1] ○   2 ①
3 [1] 후회 [2] 독후감   4 [1] 후반 [2] 이후
5 [3] ○   6 경아

1 '이후, 후반, 후회'에 공통으로 쓰이는 한자 '후'는 '뒤
   후(後)'이므로 '뒤'라는 뜻입니다.

2 '전반'의 반대 뜻을 갖는 단어는 '전체를 반씩 둘로
   나눈 것의 뒤쪽 반.'이라는 뜻의 '후반'입니다.

3 [1]은 '그'가 자신의 행동을 뉘우치고 있다는 설명이
   므로 빈칸에는 '이전의 잘못을 깨닫고 뉘우침.'의 뜻
   인 '후회'가 들어가야 알맞습니다. [2]는 책을 읽은
   뒤에 무언가를 글로 남긴다는 뜻이 담겨 있으므로
   빈칸에는 '책이나 글 따위를 읽고 난 뒤의 느낌. 또는
   그런 느낌을 적은 글.'의 뜻인 '독후감'이 들어가야
   알맞습니다.

4 [1] 경기의 뒷부분을 나타내고 있으므로 '후반'이 알
   맞습니다. '후손'은 '자신의 세대에서 여러 세대가 지
   난 뒤의 자녀를 통틀어 이르는 말.'입니다. [2] 예수
   가 태어난 시기를 기준으로 전과 후를 설명하는 문
   장이므로 '이후'가 알맞습니다. '기후'는 '기온, 비,
   눈, 바람 따위의 대기 상태.'를 가리킵니다.

5 [1] 앞을 보지 못하는 사람은 심청의 아버지입니다.
   [2] 심청의 아버지는 심청을 다시 만나고 나서야 눈
   을 뜹니다.

6 글쓴이는 심청이 인당수에 몸을 던진 것은 진정한
   효도가 아니라고 비판적으로 보고 있으므로 글쓴이
   와 입장이 비슷한 사람은 '경아'입니다.

어휘 다지기 17 일 본문 76~77쪽

1 [1]-㉠ [2]-㉢ [3]-㉡ 2 [1] 가사 [2] 가창
3 ①   4 [1] 가곡 [2] 대중가요
5 ②
6 [1] 가곡 [2] 가창 [3] 화려

1 '가곡'은 '1. 우리나라 전통 성악곡의 하나. 2. 서양
   음악에서, 시에 곡을 붙인 성악곡.'을, '가사'는 '가
   곡, 가요, 오페라 따위로 불릴 것을 전제로 하여 쓰
   인 글.'을, '대중가요'는 '널리 대중이 즐겨 부르는 노
   래.'를 뜻합니다.

2 [1] '가사'는 '가곡, 가요, 오페라 따위로 불릴 것을 전
   제로 하여 쓰인 글.'이므로 '노랫말'을 뜻합니다. [2]
   '가창'은 '노래를 부름.'이므로 '노래 부르기'와 같은
   뜻입니다.

3 ①의 '가족'에서 '가'는 '집 가(家)'입니다. ②의 '가수'
   는 '노래 부르는 사람이 직업인 사람.'을 뜻하며, '노
   래 가(歌)'와 '손 수(手, 여기에서는 직업을 뜻함.)'가
   결합된 낱말입니다.

4 [1]은 문장의 문맥상 빈칸이 소프라노 가수가 부르는
   성악곡을 뜻하므로 '가곡'이 빈칸에 어울립니다. [2]
   는 빈칸이 어떤 노래를 뜻하며 초성이 'ㄷㅈㄱㅇ'이
   므로 '대중가요'가 알맞습니다.

5 ② '사랑이나 두려움, 분노 등의 감정을 드러내는 시
   적 표현이 두드러집니다.'라는 표현을 고려했을 때
   ㉠에 들어갈 알맞은 말은 노랫말을 뜻하는 '가사'입
   니다.

6 [1] 1문단의 네 번째 문장에 '오페라의 노래는 가곡으
   로 이루어져 있어'라는 표현이 있습니다. [2] 1문단의
   세 번째 문장에 '연기보다는 가창이 중심이 됩니다.'
   라는 표현이 있습니다. [3] 2문단의 뒷부분에 '뮤지컬
   은 무대 장치가 화려하고 춤 동작이 강조됩니다.'라는
   표현이 있습니다.

1 **1** 함께 **2** 성질   2 협동
3 ㉡   4 **1** 동질감 **2** 공동
5 향약   6 ㉡, ㉢

1 '공동'은 '사회 대부분의 사람이 함께하거나 서로 관계됨.'을 뜻하고, '동질감'은 '성질이 서로 비슷해서 익숙하거나 잘 맞는 느낌.'을 뜻합니다.

2 무거운 박스를 양쪽에서 함께 힘을 합쳐 들고 있는 장면이므로, '서로 마음과 힘을 하나로 합함.'을 뜻하는 '협동'이 빈칸에 들어가기에 알맞습니다.

3 ㉡의 '운동'에서 '동'은 '움직일 동(動)'입니다. '운동'은 '일정한 규칙과 방법에 따라 신체의 기량이나 기술을 겨루는 일.'을 뜻합니다.

4 **1**은 친해지기 쉬운 친구의 특성을 언급하고 있으므로 빈칸에는 '성질이 서로 비슷해서 익숙하거나 잘 맞는 느낌.'을 나타내는 '동질감'이 들어가야 알맞습니다. **2**는 '유기견이 많아지는 현상'이라는 사회 문제를 언급하고 있으므로 빈칸에는 '사회 대부분의 사람이 함께하거나 서로 관계됨.'을 뜻하는 '공동'이 들어가야 알맞습니다.

5 설명에 해당하는 낱말은 이 글의 중심 소재인 '향약'입니다.

6 ㉠ 3문단에서 향약은 협동해야 생산성이 높아지는 농촌 공동체와 딱 맞는다고 했습니다.

1 **1** 등단 **2** 등록금 **3** 등극
2 **3** ○   3 **2** ○
4 ㉠, ㉡, ㉢   5 **3** ○
6 상윤

1 '등단'은 '어떤 사회적 분야에 처음으로 등장함.'을 뜻하고, '등록금'은 '학교나 학원 따위에 등록할 때 내는 돈.'을 뜻하며, '등극'은 '어떤 분야에서 가장 높은 자리나 지위에 오름.'을 뜻합니다.

2 두 문장 모두 목록이나 잡지에 어떤 대상을 올린다는 맥락에서 빈칸이 사용되고 있으므로 '1. 일정한 사항을 기록 문서에 올림. 2. 책이나 잡지 따위에 실음.'을 뜻하는 '등재'가 알맞습니다.

3 **2**는 '그가 달리기에서 2등을 했다는 문장인데 '등극'은 '어떤 분야에서 가장 높은 자리나 지위에 오름.'을 뜻하므로 적절하지 않습니다.

4 ㉡ '등산'은 '운동, 놀이, 탐험 따위의 목적으로 산에 오름.'을 뜻합니다. ㉣ '고등학교'에서 '등'은 '무리 등(等)'이며, '고등'은 '등급이나 수준, 정도 따위가 높음.'을 뜻하는 낱말입니다. ㉤ '등대'에서 '등'은 '등잔 등(燈)'이며, '등대'는 '바닷가나 섬 같은 곳에 탑 모양으로 높이 세워 밤에 다니는 배에 목표, 뱃길, 위험한 곳 따위를 알려 주려고 불을 켜 비추는 시설.'을 뜻합니다.

5 **1** 윤동주는 공식적으로 작가로 등단하지 않았습니다. **2** 윤동주의 시집이 나온 시기는 윤동주가 죽은 후였습니다.

6 ㉠의 다음 문장에 '민족 모두가 힘들었던 일제 강점기를 살아가면서 자신을 돌아보고 어떻게 살아가는 것이 좋은지 고민하면서 느낀 감정'이라는 언급이 있습니다.

어휘 다지기 20일
본문 88~89쪽

1 3 ○
2 미래
3 1 본래 2 상거래
4 ②
5 상거래
6 ③

1 '도래, 미래, 본래, 상거래'에 공통으로 쓰인 한자는 '올 래(來)'입니다. 그러므로 각 낱말에 들어가는 '래'는 '오다'라는 뜻입니다.

2 '미래'는 '앞으로 올 때.'를 뜻하는 낱말입니다.

3 1 고인돌이 지도자의 무덤임을 말하는 문장이므로 그 쓰임과 유래를 설명하는 의미와 어울리는 '본래'가 알맞습니다. '본래'는 '1. 사물이나 사실이 전하여 내려온 그 처음. 2. 처음부터 또는 근본부터.'를 뜻합니다. 2 이익과 손해를 생각한다는 의미가 담긴 문장이므로 '상업상으로 무엇인가를 주고받음. 또는 사고파는 것.'을 뜻하는 '상거래'가 알맞습니다.

4 문맥상 아파트 관리비를 내야 하는 날짜가 오고 있다는 의미를 표현하고 있으므로 빈칸에는 '어떤 시기나 기회가 닥쳐옴.'을 뜻하는 '도래'가 들어가야 알맞습니다.

5 1문단의 내용을 정리한 것으로서 '상거래' 수단의 변화를 설명하고 있습니다.

6 ③ 신용은 카드를 사용하는 사람이 미래에 돈을 갚을 것이라고 약속하고 실제로 그 약속대로 갚을 것이라는 믿음을 가리키는 말입니다.

어휘 굳히기 16~20일
본문 90~91쪽

01 1 등재 2 공동 3 도래
02 1 후반 2 본래
03 1 가사 2 미래 3 이후
04 1 같을 동 2 노래 가

[어휘 놀이터]

110010

1 '등재'는 '1. 일정한 사항을 기록 문서에 올림. 2. 책이나 잡지 따위에 실음.'을 뜻하고, '공동'은 '사회 대부분의 사람이 함께하거나 서로 관계됨.'을 뜻하며, '도래'는 '어떤 시기나 기회가 닥쳐옴.'을 뜻합니다.

2 1 '뒷부분'을 대체할 수 있는 낱말은 '전체를 반씩 둘로 나눈 것의 뒤쪽 반.'을 뜻하는 '후반'입니다. 2 '원래'는 '사물이 전하여 내려온 그 처음.'을 뜻하는 낱말로서 '본래'와 같은 뜻입니다.

3 1은 노래에 관한 감상을 말하는 문장이므로 빈칸에는 '가사'가 알맞습니다. 2는 아직 실현되지 않은 사회 현상에 대해 예측하는 문장이므로 빈칸에는 '미래'가 알맞습니다. 3은 수영이와 호영이가 서로 화해한 후의 변화를 설명하고 있으므로 빈칸에는 '이후'가 알맞습니다.

4 1 '공동, 협동, 동질감, 동고동락'에 공통으로 들어가는 '동'은 '같을 동(同)'입니다. 2 '가곡, 가사, 가창, 대중가요'에 공통으로 들어가는 '가'는 '노래 가(歌)'입니다.

[어휘 놀이터]
㉠ '협동'의 뜻은 '서로 마음과 힘을 하나로 합함.'입니다.
㉡ '후회'의 뜻은 '이전의 잘못을 깨닫고 뉘우침.'입니다.
㉢ '동고동락'의 뜻은 '괴로움도 즐거움도 함께함.'입니다.
㉣ '상거래'의 뜻은 '상업상으로 무엇인가를 주고받음. 또는 사고파는 것.'입니다. ㉤ '개가'의 뜻은 '싸움에서 이기고 돌아올 때에 부르는 노래.'입니다. ㉥ '가창'의 뜻은 '노래를 부름.'입니다.

어휘 다지기 **21**일 본문 94~95쪽

01 **1**-ⓔ **2**-ⓒ **3**-ⓖ **4**-ⓛ

02 순간

03 **1** 인간 **2** 실시간 **3** 간식

04 인간   05 ③

06 디저트, 간편

1 '순간'은 '눈 깜짝일 순'과 '사이 간'이 결합된 낱말로 '아주 짧은 동안.'을 의미합니다. '인간'은 '생각을 하고 언어를 사용하는 동물.'을 뜻하고, '실시간'은 '실제 흐르는 시간과 같은 시간.', '간식'은 '사이 간'과 '먹을 식'이 결합된 낱말로 '끼니와 끼니 사이에 먹는 음식.'을 뜻합니다.

2 '잠깐'은 '얼마 되지 않는 매우 짧은 동안.'을 뜻하는 말로, '순간'과 의미가 비슷한 순우리말입니다.

3 **1** 빈칸 뒤에 이어지는 '착하게 태어나는 것'과 연결시켜 보면 빈칸에는 '인간'이 들어가는 것이 알맞습니다. **2** 공간적으로 멀리 떨어져 있는 곳에서 하는 경기를 바로 볼 수 있다는 뜻이니 빈칸에는 '실시간'이 들어가는 것이 알맞습니다. **3** 빈칸에는 끼니와 끼니 사이에 먹는 음식이라는 뜻을 가진 '간식'이 들어가는 것이 알맞습니다.

4 생각하는 동물이고, 삶을 살아가며, 다른 동물에 비해 지능이 발달한 것은 '인간'입니다.

5 첫 문장을 보면 약과와 과줄은 가리키는 대상이 같음을 알 수 있습니다. 그러므로 과줄과는 만드는 방식이 다르다는 ③은 알맞지 않습니다.

6 2문단을 보면 약과가 서양 디저트와도 잘 어울리고 먹기 간편하기 때문에 사랑받는다는 것을 알 수 있습니다.

어휘 다지기 **22**일 본문 98~99쪽

1 **1** ○   2 ⑤

3 공중   4 **1** ○

5 ①   6 **2** ○

1 '항공기'는 '사람이나 물건을 싣고 공중을 비행할 수 있는 탈것을 통틀어 이르는 말.'입니다. 그러므로 그림을 설명하는 알맞은 낱말은 '항공기'입니다.

2 '공사'는 '장인 공(工)'과 '일 사(事)'가 합쳐진 낱말로 '토목이나 건축 따위의 일.'을 뜻합니다.

3 '매달린'과 '풍선을 놓쳐'라는 부분을 볼 때, 빈칸에는 '공중'이 들어가는 것이 알맞습니다.

4 '현실적이지 못한 생각.'을 대신해 쓸 수 있는 말로는 현실적이지 못하거나 실현될 가망이 없는 것을 막연히 그리어 본다는 의미의 '공상'이 알맞습니다.

5 3문단을 보면 비행기를 발명한 사람은 '라이트 형제'임을 알 수 있으며(ㄱ), 라이트 형제는 1903년 12월 17일에 비행에 성공했음(ㄴ)을 확인할 수 있습니다.

6 1문단 마지막에 인간이 하늘을 나는 것은 공상 속에서만 가능하다고 생각하던 때가 있었다는 내용이 나와 있고, ㉮의 뒤에는 인간이 하늘을 나는 것이 공상이 아닌 현실이 되었다는 내용이 나옵니다. 둘의 내용이 서로 반대되므로 '그러나'가 들어가는 것이 적절합니다.

어휘 다지기 23 일
본문 102~103쪽

1 기   **2** ❶ ○
3 ❶ 기자   ❷ 신기록   **4** 암기
5 ①   **6** 반복, 기호, 설명

1 빈칸에는 '기록하다'라는 뜻을 가진 '기(記)'가 들어가는 것이 알맞습니다.

2 제시된 그림은 일정한 의미를 가진 부호인 '기호'입니다.

3 ❶ 기사를 쓰는 일을 직업으로 하는 사람은 '기자'입니다. ❷ 올림픽과 관련된 낱말은 '신기록'입니다.

4 구구단을 암기하면 곱셈이 쉬워지고, 영어 실력 향상을 위해서는 단어를 암기하는 것이 좋습니다. 그러므로 빈칸에는 '외워 잊지 아니함.'이라는 뜻의 '암기'가 들어가는 것이 알맞습니다.

5 1문단 마지막 문장을 보면 이 글은 '암기를 잘하는 방법'을 설명하는 글임을 알 수 있습니다.

6 2문단에는 암기 능력과 관련해 세계 신기록을 보유하고 있는 사람이 제안하는 암기를 잘하는 구체적인 방법이 나와 있습니다. 내용을 오랫동안 기억하기 위해서는 '반복'해서 읽어야 하고, 그림이나 '기호'로 내용을 기억하는 연습을 하면 좋다고 설명합니다. 2문단의 마지막 문장에서는 이해한 내용을 다른 사람에게 '설명'하는 것도 암기력을 높이는 방법이라고 덧붙이고 있습니다.

어휘 다지기 24 일
본문 106~107쪽

1 ❶ 수증기   ❷ 기온   ❸ 기분
2 현기증   **3** 기온
4 기분   **5** ④
6 불쾌지수, 기분

1 ❶ '기체 상태로 되어 있는 물.'은 '수증기'를 말합니다. ❷ '대기의 온도.'는 '기운 기'와 '따뜻할 온'이 결합되어 만들어진 낱말인 '기온'의 뜻입니다. ❸ 대상이나 환경에 따라 마음에 절로 생기며 한동안 지속되는 감정은 '기분'입니다.

2 '현기증'은 '어지러운 기운이 나는 증세.'를 말하는데, 지나치게 더운 곳에서 장시간 머물면 '현기증'이 생길 수 있습니다.

3 '온도계'는 물체의 온도를 재는 기구로, 왼쪽 그림은 온도계를 나타냅니다. 그러므로 빈칸에는 '기온'이 들어가는 것이 알맞습니다.

4 '기분'은 유쾌함이나 불쾌함 등의 모든 감정을 포함하는 낱말입니다. 나빠지기도 좋아지기도 하는 것은 '기분'입니다.

5 1문단 마지막 문장을 보면 장마철이 되면 기온은 높아지고 수증기가 많은 날이 지속된다는 것을 알 수 있습니다. 그러므로 ④는 알맞지 않습니다.

6 ㉠에서 장마철에는 타인의 기분을 살피려고 더욱 노력해야 한다고 말합니다. 그 이유는 기온과 습도가 높아지면 '불쾌지수'가 높아져 쉽게 '기분'이 상할 수 있기 때문입니다.

어휘 다지기 **25**일

1 **1** 4 **2** 1　　　2 ④
3 **2** ○　　　　　4 도로
5 ④　　　　　　6 ㉺

1 대중 매체를 통해 사람들에게 새로운 소식을 알리는 행위나 그러한 소식을 뜻하는 말은 '보도'입니다. 사회 구성원들이 마땅히 지켜야 할 행동 규칙이나 규범을 일컬어 '도덕'이라고 합니다.

2 '태권도'는 '밟을 태', '주먹 권', '길 도'가 결합되어 만들어진 낱말입니다. '독도'는 '홀로 독(獨)'과 '섬 도(島)'가 합쳐져서 만들어진 낱말로, 〈보기〉의 밑줄 친 글자와 뜻이 다른 말에 해당합니다.

3 그림은 우리나라의 전통 무예인 태권도를 하는 학생의 모습입니다. 그러므로 '태권도'가 적절합니다.

4 '횡단보도'란 사람이 가로로 건너다닐 수 있도록 안전표지나 도로 표지를 설치하여 차도 위에 마련한 길을 말합니다. 즉, 횡단보도는 차가 다니는 '도로'에 마련되므로 빈칸에 공통으로 들어갈 낱말은 '도로'입니다.

5 2문단을 보면 태권도는 2000년 시드니 올림픽부터 정식 종목으로 채택되었고, 이러한 내용을 결정한 것이 1994년이라는 것을 알 수 있습니다. 그러므로 태권도에 대한 설명으로 알맞지 않은 것은 ④입니다.

6 태권도는 단순한 운동이 아니라 타인을 존중하고 공동체를 중시하는 도덕적 가치를 가진 무예이기 때문에 세계 무대에서 오랫동안 사랑받는 종목으로 자리 잡았음을 알 수 있습니다. 이러한 내용은 ㉺에 나와 있습니다.

어휘 굳히기 **21**~**25**일

1 **1** 기 **2** 간 **3** 도 **4** 공　　2 ③
3 **1** 수증기 **2** 공중 **3** 순간
4 **1** 기호 **2** 도덕

[어휘 놀이터]

		⁴실				⁵연
		시				대
	¹인	간		²항	⁶공	기
			⁷보		책	
	³태	권	도			

1 **1** '대기의 온도.'는 '기온', '어지러운 기운이 나는 증세.'는 '현기증'입니다. **2** '간'은 '사이'라는 뜻을 가진 말로, '실제 흐르는 시간과 같은 시간.'은 '실시간', '끼니와 끼니 사이에 먹는 음식 또는 그 음식.'은 '간식'입니다. **3** '보도'와 '도로'에는 '길 도'를 씁니다. **4** '항공기'의 '공'은 '비어 있다'는 뜻을 가지고 있습니다. 현실적이지 못한 것을 막연히 그리어 보는 것도 '빌 공'을 써서 '공상'이라고 합니다.

2 외워서 잊지 않는다는 것은 '어두울 암'과 '기록할 기'가 결합된 낱말인 '암기'입니다.

3 **1** 액체인 물이 증발하면 기체인 '수증기'가 됩니다. **2** 문장의 의미를 고려할 때 '하늘과 땅 사이의 빈 곳.'을 의미하는 '공중'이 들어가는 것이 알맞습니다. **3** '아주 짧은 동안.'을 뜻하는 '순간'이 들어가는 것이 알맞습니다.

4 **1** 기호는 어떤 뜻을 나타내기 위해 쓰이는 부호를 말하며, 문자나 표지 등을 모두 포함하는 낱말입니다. 그러므로 빈칸에 알맞은 낱말은 '기호'입니다. **2** 우리 조상들은 물질적인 부보다 '도덕'적인 삶을 사는 것을 가치 있게 생각했습니다.

어휘 다지기 26일 본문 116~117쪽

1 **1**-② **2**-ⓒ **3**-ⓛ **4**-㉠
2 **1** 감동 **2** 활동 **3** 충동
3 동
4 운동장, 활동
5 ④, ⑤
6 **2** △

1 '활동'은 '살 활'과 '움직일 동'이 결합되어 만들어진 낱말로 '몸을 움직여 행동함.'을 뜻합니다. '감동'은 '느낄 감'과 '움직일 동'이 합해 만들어진 낱말로 '크게 느끼어 마음이 움직임.'을 뜻합니다. '충동'은 '순간적으로 어떤 행동을 하고자 하는 욕구를 느끼게 하는 마음속의 자극.'을 뜻합니다. '운동장'은 '옮길 운+움직일 동+마당 장'으로 이루어진 낱말입니다.

2 **1** '감사'는 '고마움을 나타내는 인사.'를 뜻하는 말로, 이 문장에는 '감동'이 들어가는 것이 알맞습니다. **2** 체육 시간에는 몸을 움직여 행동합니다. 그러므로 '활동'이 들어가는 것이 알맞습니다. **3** 어떤 장면을 보고 갑자기 생기는 마음을 뜻하는 '충동'이 들어가는 것이 알맞습니다.

3 빈칸에는 '움직이다'라는 뜻을 가진 '동'이 들어가는 것이 알맞습니다.

4 체육 '활동'을 하는 공간은 '운동장'입니다.

5 이 글을 보면 올림픽 주 경기장은 한 번에 최대 10만 명의 관중을 수용할 수 있는(⑤) 규모를 갖고 있음을 알 수 있습니다. 또한 글의 마지막 부분을 보면 낡은 시설을 개선하고 새로운 시대의 요구를 반영하기 위해(④) 대대적인 구조 변경이 진행될 예정임을 확인할 수 있습니다.

6 글의 중간 부분을 보면 올림픽 주 경기장은 1988년 서울 올림픽 때에도 활용되었음을 확인할 수 있습니다.

어휘 다지기 27일 본문 120~121쪽

1 **1** 미생물 **2** 재물 **2** 건물
3 **3** ○
4 재물
5 ③
6 재물, 인간

1 **1** '눈으로 볼 수 없는 아주 작은 생물.'을 '미생물'이라고 합니다. **2** '돈이나 그 밖의 값나가는 물건.'은 '재물 재'와 '만물 물'이 결합된 '재물'입니다.

2 그림과 관련된 낱말은 '사람이 들어 살거나, 일을 하거나, 물건을 넣어 두기 위해 지은 집을 통틀어 이르는 말.'인 '건물'입니다.

3 세균이나 박테리아 등은 '눈으로는 볼 수 없는 아주 작은 생물.'인 '미생물'에 해당합니다.

4 빈칸에는 '돈이나 그 밖의 값나가는 모든 물건.'을 뜻하는 '재물'이 들어가는 것이 알맞습니다.

5 이 글의 네 번째 문장에서 김경희 의사가 국내에서 의과 대학을 졸업한 후 일본에 가서 미생물학으로 박사 학위를 받았음을 알 수 있습니다.

6 이 글의 마지막 부분을 보면 의사 김경희는 재물보다 인간을 최우선 가치로 삼으며 평생을 살았음을 알 수 있습니다.

1 **1** 행사 **2** 사실   2 **1** 식사(○) **2** 행사(○)
3 백과사전   4 사
5 ③   6 **3** ○

1 **1**-㉠ **2**-㉢ **3**-㉣ **4**-㉡
2 당장   3 ②
4 **1** 장소 **2** 야구장 **3** 등장 **4** 당장
5 **4** ○   6 ⑤

1 **1** '행사'는 '다닐 행'과 '일 사'가 합해 만들어진 낱말로 '어떤 일을 시행함.'이라는 뜻을 갖고 있습니다. **2** '실제로 있었던 일이나 현재에 있는 일.'을 의미하는 낱말은 '사실'입니다.

2 **1** 빈칸의 앞에 나온 '맛있는'과 어울리는 낱말은 '식사'입니다. **2** '재미있는'과 어울리는 낱말은 '행사'입니다.

3 '백과사전'은 과학과 자연 및 인간 활동에 관련된 모든 지식을 압축적으로 모아 둔 책입니다.

4 **1** 빈칸을 포함하고 있는 낱말은 '행사'입니다. **2** 신문 기사를 읽을 때는 '사실'과 다른 내용은 없는지 확인하는 것이 중요합니다. 그러므로 빈칸에 공통으로 들어갈 글자는 '사'입니다.

5 3문단을 보면 백과사전은 시대에 따라 다른 목적을 갖고 편찬되기도 한다는 것을 알 수 있습니다. 그러므로 백과사전에 대한 설명으로 알맞지 않은 것은 ③입니다.

6 **3** 의 상황에서는 백과사전이 아니라 국어사전을 읽어야 합니다.

1 '장소'는 '어떤 일이 이루어지거나 일어나는 곳.'을 뜻합니다. '등장'은 '오를 등'과 '마당 장'이 결합돼 만들어진 낱말로, '1. 무대에 나옴. 2. 어떤 분야에서 새로운 제품이나 인물 등이 세상에 처음으로 나옴.'이라는 뜻을 갖고 있습니다. '당장'은 '일이 일어난 바로 직후의 빠른 시간.'을 의미합니다. '야구장'은 '야구 경기를 위하여 마련된 운동장.'이라는 뜻입니다.

2 '즉시'는 '어떤 일이 행하여지는 바로 그때.'를 뜻하는 말로 '당장'과 의미가 비슷하여 바꿔 쓸 수 있습니다.

3 빈칸에는 '1. 무대에 나옴. 2. 새로운 제품이나 인물 등이 세상에 처음으로 나옴.'이라는 뜻을 가진 '등장'이 들어가는 것이 알맞습니다.

4 **1** '때'와 함께 쓸 수 있는 낱말로 빈칸에 '장소'가 들어가야 합니다. **2** '투수'라는 낱말을 볼 때 빈칸에는 '야구장'이 들어가는 것이 알맞습니다. **3** 새로운 이론이 세상에 처음으로 나올 때는 '등장'을 사용해야 합니다. **4** '먼 미래'와 어울리는 낱말은 '당장'입니다.

5 연주를 앞두고 긴장하고 있는 동생에게는 '잘할 수 있어.', '열심히 연습한 만큼 좋은 결과가 있을 거야.'처럼 긴장을 풀어 주는 말을 하는 것이 좋습니다.

6 2문단을 보면 요기 베라는 감독 시절에 명언을 많이 남겼고, 그것들을 '요기즘'이라고 부른다는 것을 알 수 있습니다.

어휘 다지기 30일

본문 132~133쪽

1 1 오전 2 전진 3 전생 4 풍전등화
2 2 ○   3 전생
4 풍전등화   5 ②
6 노래, 유래

1 1 밤 12시부터 낮 12시까지를 '오전', 낮 12시부터 밤 12시까지를 '오후'라고 합니다. 2 '앞으로 나아감.'을 뜻하는 말은 '전진'입니다. 3 '전생'은 '앞 전'과 '날 생'으로 이루어진 낱말로 '이 세상에 태어나기 이전의 생애.'를 의미합니다. 4 '풍전등화'는 '매우 위태로운 처지에 놓여 있음.'을 뜻하는 말입니다.

2 '오후'와 의미가 반대되는 낱말은 '오전'입니다.

3 제시문의 내용으로 미루어 보아 빈칸에는 '이 세상에 태어나기 이전의 생애.'를 뜻하는 '전생'이 들어가는 것이 알맞습니다.

4 '바람 앞의 등불'이라는 뜻을 가진 낱말로 '매우 위태로운 처지에 놓여 있음.'을 비유적으로 이르는 말은 '풍전등화'입니다.

5 2문단을 보면 완전히 포위되어 있던 항우는 초나라 병사들이 부르는 초나라 노랫소리를 들었음을 알 수 있습니다. 항우가 초나라 노래를 부른 것이 아니므로 ②는 적절하지 않습니다.

6 2문단을 보면 포로로 잡힌 초나라 사람들이 부르는 노래를 듣고 항우와 병사들은 고향 생각에 눈물을 흘렸음을 확인할 수 있습니다. 따라서 첫 번째 빈칸에는 '노래'가 들어가는 것이 적절하고, 두 번째 빈칸에는 '사면초가'라는 말이 생겨난 '유래'가 들어가는 것이 적절합니다.

어휘 굳히기 26~30일

본문 134~135쪽

1 1 활동 2 오전 3 물체
2 1 감동 2 백과사전 3 미생물
3 3 ○   4 1 ○

[어휘 놀이터]
1 풍전등화 2 활동 3 충동 4 건물 5 재물
6 등장 7 대한민국

1 1 문장의 의미를 고려할 때 몸을 움직여 행동한다는 '활동'이 들어가는 것이 적절합니다. 2 오후와 뜻이 관련된 낱말은 '오전'입니다. 3 물질은 '물체'를 구성하는 요소입니다.

2 1 '크게 느끼어 마음이 움직임.'이라는 뜻을 가진 '감동'이 들어가는 것이 적절합니다. 2 '백과사전'은 인간의 활동에 대한 모든 지식을 모은 책입니다. 3 바이러스는 '미생물'입니다.

3 3 '장수'는 '마당 장'이 아니라 '길 장(長)'과 '목숨 수(壽)'로 구성된 낱말로 '오래도록 산다.'라는 뜻입니다.

4 방과 후에 동아리들이 모여 할 수 있는 것은 '행사'가 알맞습니다. 두 번째 빈칸에는 행사를 열어서 순간의 즐거움을 얻는 것보다 학생들의 건강이 더 중요하다는 내용이 들어가는 것이 알맞습니다. 그러므로 빈칸에 들어갈 말을 바르게 연결한 것은 '행사, 당장'입니다.

[어휘 놀이터]
1 바람 앞의 등불을 뜻하는 말은 '풍전등화'입니다. 2 '몸을 움직여 행동함.'은 '활동'의 뜻입니다. 3 '순간적으로 어떤 행동을 하고 싶은 욕구를 느끼게 하는 마음속 자극.'을 뜻하는 말은 '충동'입니다. 4 '건물'은 '사람이 들어 살거나 물건을 넣어 두기 위해 지은 집.'을 뜻합니다. 5 '돈이나 그 밖의 값나가는 모든 물건.'은 '재물'의 뜻입니다. 6 '어떤 분야에서 새로운 제품이나 인물 등이 세상에 처음으로 나옴.'은 '등장'의 뜻입니다.

초등 한자 어휘

4단계
초등 3~4학년 권장

정답과 해설

EBS와 함께하는 자기주도 학습 초등·중학 교재 로드맵

		예비 초등	1학년	2학년	3학년	4학년	5학년	6학년
전과목 기본서/평가			**만점왕** 국어/수학/사회/과학 교과서 중심 초등 기본서			**만점왕 통합본** 학기별(8책) **HOT** 바쁜 초등학생을 위한 국어·사회·과학 압축본		
				만점왕 단원평가 학기별(8책) 한 권으로 학교 단원평가 대비				
				기초학력 진단평가 초2~중2 초2부터 중2까지 기초학력 진단평가 대비				
국어	독해			**4주 완성 독해력** 1~6단계 학년별 교과 연계 단기 독해 학습				
	문학							
	문법							
	어휘		**어휘가 독해다!** 초등 국어 어휘 1~2단계 1, 2학년 교과서 필수 낱말 + 읽기 학습		**어휘가 독해다!** 초등 국어 어휘 기본 3, 4학년 교과서 필수 낱말 + 읽기 학습		**어휘가 독해다!** 초등 국어 어휘 실력 5, 6학년 교과서 필수 낱말 + 읽기 학습	
	한자	**참 쉬운 급수 한자** 8급/7급 II/7급 한자능력검정시험 대비 급수별 학습		**어휘가 독해다!** 초등 한자 어휘 1~4단계 하루 1개 한자 학습을 통한 어휘 + 독해 학습				
	쓰기	**참 쉬운 글쓰기** 1-따라 쓰는 글쓰기 맞춤법·받아쓰기로 시작하는 기초 글쓰기 연습			**참 쉬운 글쓰기** 2-문법에 맞는 글쓰기/3-목적에 맞는 글쓰기 초등학생에게 꼭 필요한 기초 글쓰기 연습			
	문해력	**어휘/쓰기/ERI독해/배경지식/디지털독해가 문해력이다** 평생을 살아가는 힘, 문해력을 키우는 학기별·단계별 종합 학습				**문해력 등급 평가** 초1~중1 내 문해력 수준을 확인하는 등급 평가		
영어	독해	**EBS ELT 시리즈** | 권장 학년 : 유아 ~ 중1			**EBS랑 홈스쿨 초등 영독해** Level 1~3 다양한 부가 자료가 있는 단계별 영독해 학습			
		EBS Big Cat **Collins BIG CAT** 다양한 스토리를 통한 영어 리딩 실력 향상				**EBS 기초 영독해** 중학 영어 내신 만점을 위한 첫 영독해		
	문법	EBS Big Cat **Shinoy and the Chaos Crew** 흥미롭고 몰입감 있는 스토리를 통한 풍부한 영어 독서			**EBS랑 홈스쿨 초등 영문법** 1~2 다양한 부가 자료가 있는 단계별 영문법 학습			
						EBS 기초 영문법 1~2 **HOT** 중학 영어 내신 만점을 위한 첫 영문법		
	어휘	EBS easy learning **easy learning** 저연령 학습자를 위한 기초 영어 프로그램			**EBS랑 홈스쿨 초등 필수 영단어** Level 1~2 다양한 부가 자료가 있는 단계별 영단어 테마 연상 종합 학습			
	쓰기							
	듣기				**초등 영어듣기평가 완벽대비** 학기별(8책) 듣기 + 받아쓰기 + 말하기 All in One 학습서			
수학	연산	**만점왕 연산** Pre 1~2단계, 1~12단계 과학적 연산 방법을 통한 계산력 훈련						
	개념							
	응용		**만점왕 수학 플러스** 학기별(12책) 교과서 중심 기본 + 응용 문제					
	심화					**만점왕 수학 고난도** 학기별(6책) 상위권 학생을 위한 초등 고난도 문제집		
	특화	**초등 수해력** 영역별 P단계, 1~6단계(14책) 다음 학년 수학이 쉬워지는 영역별 초등 수학 특화 학습서						
사회	사회 역사				**초등학생을 위한 多담은 한국사 연표** 연표로 흐름을 잡는 한국사 학습			
					매일 쉬운 스토리 한국사 1~2/**스토리 한국사** 1~2 하루 한 주제를 이야기로 배우는 한국사/ 고학년 사회 학습 입문서			
과학	과학							
기타	창체		**창의체험 탐구생활** 1~12권 창의력을 키우는 창의체험활동·탐구					
	AI		**쉽게 배우는 초등 AI** 1(1~2학년) 초등 교과와 융합한 초등 1~2학년 인공지능 입문서		**쉽게 배우는 초등 AI** 2(3~4학년) 초등 교과와 융합한 초등 3~4학년 인공지능 입문서		**쉽게 배우는 초등 AI** 3(5~6학년) 초등 교과와 융합한 초등 5~6학년 인공지능 입문서	